Trauergebete, Traueransprachen

KONKRETE LITURGIE

herausgegeben von Guido Fuchs

MANFRED HANGLBERGER

Trauergebete, Traueransprachen

Texte am Sterbebett, für Trauerandachten und Beerdigungen

VERLAG FRIEDRICH PUSTET
REGENSBURG

Bibliografische Information der Deutschen Nationalbibliothek

Die Deutsche Nationalbibliothek verzeichnet diese Publikation in der Deutschen Nationalbibliografie; detaillierte bibliografische Daten sind im Internet über http://dnb.d-nb.de abrufbar.

5. Auflage 2022
ISBN 978-3-7917-2886-5

Umschlaggestaltung: Martin Veicht, Regensburg
Satz: MedienBüro Monika Fuchs, Hildesheim
Druck und Bindung: Friedrich Pustet, Regensburg
Printed in Germany 2024

Diese Publikation ist auch als E-Book erhältlich:
eISBN 978-3-7917-6107-7 (epub)

Weitere Publikationen aus unserem Programm finden Sie auf
www.verlag-pustet.de

INHALTSVERZEICHNIS

MATERIALIEN UND IMPULSE FÜR DIE GESTALTUNG VON GOTTESDIENSTEN AN ALLERSEELEN UND AM VOLKSTRAUERTAG

ANHANG

EINLEITUNG

Bei Grenzerfahrungen wird das Leben oft in dramatischer Weise „frag-würdig“. Wenn menschliche Vertrauensbeziehungen oder grundlegende materielle Sicherheiten durch den Tod eines Menschen wegbrechen, wird das tastende Suchen nach dem, was den Gefühlen und Gedanken Halt verleihen könnte, in einer intensiven Weise lebendig. Religionen und Weltanschauungen sind in ihren Denk- und Glaubenssystemen vor allem von Grenzerfahrungen her zu verstehen.

Es gehört zum Wesen der Religion, für die Bewältigung von Grenzsituationen nicht nur Glaubenssätze anzubieten, sondern den betroffenen Menschen durch Gebet, Meditation und Riten in eine lebendige Beziehung zur transzendenten Wirklichkeit zu bringen, die wir Christen Gott nennen, eine Wirklichkeit, aus der einem Kraft und Trost zufließen. Die Beziehung zu Gott ist zu verstehen als eine Beziehung zu einem personalen Gegenüber, das gleichzeitig hineinreicht bis in das Innerste des Wesens eines jeden Menschen, als eine Wirklichkeit, die ihn gleichzeitig verbindet mit dem großen Lebenszusammenhang der Natur und ihm entgegenkommt in der Vielfalt der Geschöpfe und besonders in liebevollen Beziehungen zu anderen Menschen. Wie wir uns sein Wirken in der Welt und in den darin stattfindenden Ereignissen vorstellen und auch sein Wirken im Menschen selbst und in seinen Beziehungen zu anderen, prägt entscheidend die Art und Weise, wie wir beten.

Gerade in den Lebenserfahrungen mit Krankheit, Sterben, Tod und Trauer werden gewisse Unterschiede in den Glaubensvorstellungen sichtbar. Meine Gebete wollen auch kirchenfernen oder nichtgläubigen Menschen Hilfe in Grenzsituationen ihres Lebens sein. Auch wenn jede soziologische Großgruppe, wie die Kirche, verständlicherweise eine gewisse Insidersprache entwickelt, ist es trotzdem notwendig, die „Katholizität“, die allumfassende Gültigkeit christlichen Glaubens immer wieder in einer Sprache zu formulieren, die die Chance hat, auch Menschen zu erreichen, die dieser soziologischen Großgruppe nicht angehören.

Die offiziellen Texte in den kirchlichen Trauergottesdiensten sind nicht unproblematisch, denn in ihnen wird die Beziehung des Menschen und auch des Verstorbenen zu Gott in erster Linie vom Schuldthema her formuliert: Der Mensch wird dort vor allem als

Sünder gesehen und deshalb wird Gott vor allem darum angefleht, dass er dem Verstorbenen seine Schuld verzeihe, ihm sein Erbarmen schenke, dem Sünder gnädig sei, ihm seine Vergehen nicht anrechne, ihm trotz seiner Sündhaftigkeit das ewige Heil schenke und ihm den Himmel öffne. Es ist wichtig und seelisch notwendig, gegen die Schuldverdrängung der modernen Gesellschaft anzugehen; denn diese meint, belastende Emotionen, ob Trauer oder Schuldgefühle, mit Medikamenten, mit Ablenkung und Verdrängung aus der Welt schaffen zu können. Ebenso problematisch ist aber das andere Extrem: den Menschen vorrangig als Sünder und damit von seiner negativen Seite her zu betrachten.

Der Mensch hat nicht nur das Problem, schuldig zu werden, er hat viele seelische Probleme, z. B. unsicher zu sein und Angst zu haben, Minderwertigkeitsgefühle zu haben und sich selbst nicht zu verstehen, starke Zorn- und Trauergefühle zu haben, mit anderen Menschen belastende Konflikte zu erleben, nicht verstanden zu werden und nicht verstehen zu können usw. Einen Menschen auf das Problem seines Schuldigwerdens zu reduzieren, und dies bei so fundamental wichtigen Handlungen wie beim Abschiednehmen von ihm im Rahmen eines Gottesdienstes, ist aus theologischer wie auch aus psychologischer Sicht fragwürdig. Die trauernden Angehörigen werden dann alleingelassen mit ihrem Hauptproblem, nämlich den rechten Weg der Trauer zu finden und zu gehen.

Es geht im Zusammenhang von Abschied und Trauer um einen oft schmerzhaften, aber wesentlichen menschlichen Reifungsprozess und um einen Prozess der Verwandlung der Beziehung zwischen Lebenden und Verstorbenen. Für diesen schwierigen Weg erbitten wir Gottes Beistand, um offen zu werden für die tröstende, versöhnende und heilende Kraft seiner Gnade. Zu dieser Verwandlung unserer Beziehung zu einem Verstorbenen gehört auch, ihn um seinen Segen zu bitten und damit zum Ausdruck zu bringen, dass wir sein Leben und seinen Tod achten und uns von ihm seelisch „nähren“ lassen. Nicht nur bei Menschen, die wir als Heilige verehren, können wir darum bitten, dass ihr Geist der Liebe, des Glaubens und der Hoffnung uns erfülle, wir können in ähnlicher Weise uns auch von den wertvollen seelischen Kräften unserer Verstorbenen beschenken lassen. Wenn wir bereit sind, von den Schattenseiten der Lebensgeschichte eines verstorbenen Menschen zu lernen, kann nicht nur das Positive und das Lichtvolle eines Menschen uns zum Segen werden, sondern auch das Bedrückende und Dunkle. Entsprechend müssen sich unsere Gebetsformulierungen ändern, damit sie seelisch heilsam und stärkend werden.

Komplementär zur primären Sicht des Menschen als Sünder steht die Vorstellung von einem strafenden Gott, der, so wie es nicht wenige Christen in der Kindheit gelernt haben, erst durch das grausame Opfer Jesu am Kreuz bereit gewesen sei, seinen Himmel für uns Menschen wieder zu öffnen. Unsere vielen Gebete sollen und können diesen Gott doch gnädig stimmen auch zugunsten unserer verstorbenen Angehörigen! In diesem alten Gottesbild, das bei vielen Gläubigen noch seine Wirkungen zeigt, erscheinen wir Menschen barmherziger als Gott. Denn wenn wir Gott anflehen um Barmherzigkeit für unsere Verstorbenen, erscheint dies so, als hätten wir unsere Probleme mit diesen schon gelöst; es besteht nur noch das Problem, wie wir Gott dazu bringen, dass er ihnen gnädig ist. Stellen wir uns damit nicht gewissermaßen moralisch über Gott?

Es gibt gläubige Christen, die wegen ihres Glaubens an eine Auferstehung meinen, nicht trauern zu müssen. Heftige und lang anhaltende Trauer ist für manche dieser Menschen ein Zeichen von zu wenig Glauben. Tatsächlich erlebte Trauerschmerzen sind für sie dann sehr verwirrend und manche wollen sie deshalb einfach nicht wahrhaben und versuchen sie zu verdrängen. So kann auch der religiöse Glaube an die Auferstehung der Toten dazu verleiten, sich das rechte Abschiednehmen zu ersparen und in einer Sehnsuchtshaltung mit der Hoffnung auf das Wiedersehen nach dem Tod zu verharren. Aber diese Form der Hoffnung verwandelt sich leicht in eine problematische Todessehnsucht, die die Verwandlung der Beziehung und das Zurückfinden zur eigenen Lebensenergie blockieren kann. Man verharrt in einer kindlichen Liebe, durch die man nicht erwachsen werden kann.

Nicht jeder Glaube an Auferstehung ist segensreich, hilfreich und wahr. Dies mag das folgende Beispiel verdeutlichen: Ein Mann kam zu mir und erzählte, dass er große Probleme habe, seine verstorbene Mutter loszulassen. Ich empfahl ihm, einen Abschiedsbrief für sie zu schreiben und diesen vor einem Bild der Mutter und einer brennenden Kerze vorzulesen; zuvor aber sollte er mir den Brief zu lesen geben. In einer sehr intensiven Weise hat er darin beschrieben, was er alles von seiner Mutter erhalten hat, was alles wichtig und wertvoll für ihn war, aber auch, wo er verletzt oder alleingelassen oder enttäuscht wurde. Am Ende des Briefes an seine Mutter schrieb er: „Ich weiß, dass wir uns wiedersehen und uns dann ganz fest in die Arme schließen werden. Darauf freue ich mich heute schon sehr und kann es kaum erwarten, dich in die Arme zu nehmen."

Als ich das gelesen hatte, bin ich ein wenig erschrocken und spürte, dass diese Form von Glauben an die Auferstehung problematisch ist. Da wird die Auferstehung und die Verbundenheit mit dem verstorbenen Menschen nur in die Zukunft verlegt. Wenn das Wiedersehen in unserer Vorstellung das Wichtigste ist, dann werden wir blind für die Gegenwärtigkeit der Verstorbenen in unserem Leben.

Das war schon vor 2000 Jahren in der Beziehung zwischen den Aposteln und Jesus nach dessen Tod problematisch. Die nur in die Zukunft verlegte Wiederkunft Jesu beinhaltet die Gefahr, dass man das Leben, das man jetzt noch lebt auf dieser Welt, nur als eine Art Wartestellung, als Wartezimmersituation versteht oder als eine Verpflichtung, in der Zwischenzeit hier gute Werke zu vollbringen, für die man später im Himmel belohnt wird. Doch das Entscheidende ist, dass wir durch die Beziehung zu den Verstorbenen und durch die Beziehung zur Realität des Todes und damit zu unserer eigenen Vergänglichkeit ein Gespür für die Bedeutung unseres gegenwärtigen Lebens entwickeln, dafür, was heute das Wertvolle, das Notwendige, das menschlich Sinnvolle ist.

Dafür feiert die Kirche die Sakramente, in denen es um eine Vergegenwärtigung des Geistes Jesu geht. Der Verstorbene (Jesus Christus) wird im sakramentalen Brot gegenwärtig als der, der die jetzt Lebenden seelisch nährt. Ähnliches ist grundsätzlich auch für unsere Beziehung zu unseren persönlichen Verstorbenen möglich, wenn wir sie in rechter Weise verabschieden, ehren und sie um ihren Segen bitten. Dafür müssen diese keine Heiligen sein, denn wir können sie auch dadurch ehren und Segen von ihnen erfahren, dass wir bereit sind, auch von ihren Fehlern und von ihrem vielleicht schweren Schicksal zu lernen.

Ich sagte zu dem Mann im oben genannten Beispiel: „Es ist wichtig, dass Sie entdecken: Ihre Mutter ist gegenwärtig. Einerseits ist sie gegenwärtig in Ihnen selber, andererseits schaut sie mit Wohlwollen von außen auf Sie und auf Ihr Leben." Ich empfahl ihm, am Schluss seines Briefes sinngemäß zu schreiben: „Mutter, segne mich, hilf, dass ich alles Liebe und Gute, das ich in meinem Leben von dir bekommen habe, heute umsetze in ein Leben, das wertvoll, sinnvoll und liebenswert ist." Die Toten helfen den Lebenden, dass diese hier eigenständig, empfindsam und verantwortungsvoll ihre Aufgaben in dieser Welt erkennen und bewältigen, nicht, dass sie eine Todessehnsucht entwickeln und möglichst schnell von der Welt Abschied nehmen wollen. Wenn man die Eltern loslassen kann, dann sind sie in einer anderen Weise da, segnend und seelisch nährend, sodass man dadurch eigenverantwortlich, mündig und selbstständig wird.

Um diesen Unterschied noch einmal zu verdeutlichen: In einer Sehnsuchtsbeziehung habe ich in einer kindlichen Rolle die Eltern vor mir, ich möchte auf sie zugehen. Die Eltern sind das Ziel. Aber in einem solchen Zugehen auf sie kehre ich zurück in meine Kindheitssituation und drücke ein Nachholbedürfnis aus.

Im anderen Fall habe ich die Eltern hinter mir. Sie segnen mich und ermutigen mich, meinen Weg nach vorne zu gehen, sie loszulassen, aber ihnen in meinem Herzen einen guten und bleibenden Platz zu geben auf meinem Weg, meine Aufgaben in der Welt zu finden, zur größeren Welt dazuzugehören, ein umfassendes Dazugehörigkeitsgefühl, eine umfassende Liebe und Lebensbejahung gegenüber dem Ganzen der Welt zu entwickeln. Der Glaube an die Auferstehung ist der Glaube an die Gegenwärtigkeit der Toten, an das segnende Wirken unserer Verstorbenen für uns Lebende und an den Beginn der Auferstehung schon vor dem Tod.

Der Glaube allein, dass die Verstorbenen bei Gott sind und das ewige Heil erlangt haben, kann den eigenen Schmerz um den Verlust dieser Menschen nicht auflösen. Deshalb ist die in unserer Zeit manchmal vorkommende Praxis auch problematisch: im Trauergottesdienst vor allem Auferstehungslieder zu singen und auf Trauerkleidung und liturgische Trauerfarbe zu verzichten, weil doch der Verstorbene in die Herrlichkeit Gottes eingegangen ist und dies kein Grund für Trauer sei.

Aber wir betrauern ja nicht nur den Schmerz des Verstorbenen wegen der Beendigung seines Lebens und der damit eventuell verbundenen Beraubung weiterer Lebensmöglichkeiten, sondern wir betrauern vor allem auch unseren eigenen Schmerz, weil wir diesen Menschen verloren haben, und dieser Schmerz braucht auch eine Würdigung und eine Ausdruckshilfe in den Liedern, Gebeten und in der äußeren Gestaltung des Trauergottesdienstes.

Manche Gebete in diesem Buch wurden mehrfach abgedruckt, um für den liturgischen Gebrauch das Blättern zu reduzieren. Herzlich danke ich an dieser Stelle Frau Doris Bäuml, die in mühevoller Kleinarbeit meine Texte aus der Vielfalt meiner Unterlagen aufgespürt, zusammengestellt und formatiert hat. Ebenso danke ich dem

Lektor des Verlags Pustet, Herrn Dr. Rudolf Zwank, für die konstruktiven Anregungen zur Konzeption dieses Buches und für die freundliche Zusammenarbeit.

Weitere theologische Überlegungen des Autors sowie Anregungen für Gebete finden Sie unter http://www.hanglberger-manfred.de.

TRAUERGEBETE

GEBET IM TRAUERHAUS

Herr, unser Gott, ein Menschenleben ist zu Ende gegangen. Ein Leben mit Freude und Schmerzen, mit Erfolgen und Misserfolgen, mit Hoffnungen und Enttäuschungen, mit glücklichen und traurigen Stunden hat seinen Abschluss gefunden.

Herr, wir glauben, dass du Ja gesagt hast zu diesem Leben, dass du diesem Menschen nahe warst auf allen seinen Wegen, ob er es wusste oder nicht, ob er deinem Dasein vertraute oder nicht. Du nimmst diesen Menschen auf in deine Welt der Ewigkeit und Unvergänglichkeit. In dir finden auch wir Geborgenheit und Frieden und bleiben verbunden mit den Menschen, die uns vertraut waren, und verbunden mit deiner ganzen Schöpfung.

Lass uns erkennen, welchen Wert und Sinn unser Dasein in dieser Welt hat. Lass uns erkennen, was uns Menschen innerlich miteinander verbindet und was uns verbindet mit dir, dem Ursprung und Ziel unseres Daseins.

Herr, wir geben dir diesen Menschen zurück. Wir danken dir für alles Gute und Schöne, das er in diese Welt und in unser Leben gebracht hat. Lehre uns Barmherzigkeit gegenüber seinen Schwächen und Unzulänglichkeiten. Heile du die Wunden seiner Seele, die er durch die Belastungen und Verstrickungen in dieser Welt erfahren hat.

Schenke uns Lebenden Frieden mit den Verstorbenen. Schenke Frieden den Verstorbenen mit den Lebenden und mit denen, die ihnen vorausgegangen sind. Darum bitten wir dich, ewiger, Leben spendender Gott. Amen.

GEBET IM TRAUERHAUS BEIM TOD EINES JUNGEN MENSCHEN

Herr, ewiger Gott, tiefe Betroffenheit und Trauer erfüllen unser Herz, Hilflosigkeit und Ohnmacht lähmen unser Denken angesichts des Todes dieses Menschen (dieser Frau, dieses Kindes, dieses Mannes). Wir können nicht verstehen und begreifen, was da geschehen ist. Stehe uns in diesen Stunden bei, sei uns nahe mit deinem Trost, gib uns Halt in unserem Schmerz, begleite uns auf dem Weg unserer Trauer. Lass uns nicht allein in unserer Angst.

Herr, wir möchten schreien, und doch macht uns der Tod dieses Menschen stumm. Schütze unser Herz, steh bei unseren Gefühlen, lass uns nicht versinken in Verzweiflung. Lass uns an das Leben glauben auch angesichts des Todes. Lass uns Menschen miteinander verbunden bleiben – auch wenn wir die Stimme des anderen nicht mehr hören und sein Lächeln nicht mehr sehen. Lass uns miteinander verbunden bleiben durch unsere guten Gedanken der Erinnerung, der Wertschätzung und der Dankbarkeit für alles, was wir füreinander bedeuten. Lass uns erkennen, was bleibt und trägt in unserer Beziehung zueinander – auch über die Schwelle des Todes hinweg.

Herr, dir vertrauen wir, an dich glauben wir, an dir halten wir uns fest und wissen uns getragen und gehalten über den Abgründen des Lebens und über dem Abgrund des Todes.

Herr, wenn das Leben weitergeht, lass uns nicht verlieren, was uns Menschen in Liebe verbindet. Bewahre uns vor der Vergänglichkeit. Bewahre uns vor der Sinnlosigkeit. Bewahre uns vor der Verzweiflung. Schenke uns Frieden, schenke Ergebung, schenke die Kraft, Ja zu sagen zur rechten Zeit auch zu dieser Stunde unseres Lebens. Jetzt aber gib Halt und Stärkung unseren Seelen. Amen.

AUSSEGNUNG

Eröffnung Im Namen des Vaters und des Sohnes und des Heiligen Geistes. Amen.
Der Vater des Erbarmens und der Gott allen Trostes sei mit euch.

A Und mit deinem Geiste.

oder

V Der ewige Gott, der Ursprung unseres Daseins und das Ziel unseres Lebens, sei mit euch.

A Und mit deinem Geiste.

oder

V Vertrau auf Gott, er wird sich deiner annehmen, hoffe auf ihn, er begleitet dich durch das Dunkel der Nacht.

oder

V Wer Gott vertraut, wird nicht in der Finsternis gehen, sondern hat das Licht des Lebens.

Gebet Gütiger Vater, in deine Hände legen wir das Leben unseres verstorbenen Bruders (unserer verstorbenen Schwester). Wir danken dir für alles Gute, das er (sie) in unsere Welt und in unser Leben gebracht hat. Du nimmst ihn (sie) auf und gibst ihm (ihr) Wohnung und Heimat bei dir. Uns aber, die wir den Weg des Abschieds zu gehen haben, gib die Kraft, einander zu trösten und unser Leben weiterhin in Dankbarkeit von dir anzunehmen und in deinem Geist zu gestalten. Amen.

Psalmgebet

Kehrvers Du bist uns nahe, Herr, im Leben und im Sterben.

oder Sei hier zugegen, Licht unsres Lebens.

Aus der Tiefe meiner Seele rufe ich zu dir.
Du hörst meine Stimme, du Gott des Lebens.

Du wendest dein Ohr mir zu,
du hörst mein verzweifeltes Rufen.
Du vernimmst mein Weinen und Klagen,
bist nahe dem Schmerz meines Herzens.
Du lässt uns nicht allein auf unserem Weg,
du begleitest uns durch alle Höhen und Tiefen.
Bei dir finden wir Menschen zueinander,
an deiner Hand wächst unser Vertrauen.
Du siehst uns an mit gütigen Augen
und löst die Verhärtungen unseres Herzens.
In deinen Armen können wir aufatmen,
finden Trost für die Wunden der Seele.
Du zeigst uns aufs Neue die Wege zum Leben,
führst uns heraus aus Nacht und Verzweiflung.
Auf dich hoffe ich, du Gott meines Lebens,
auf dich vertraue ich und wage meine Schritte.
Ich spüre meine Angst und Not,
doch du weckst in mir neue Kraft und Hoffnung.
Denn du bist der lebendige Gott,
du liebst mich und kennst meinen Namen.

oder
Kehrvers Vertraut auf den lebendigen Gott,
er begleitet uns über die Schwelle des Todes.

Ich richte meine Augen auf zu den Wolken:
Woher kommt mir Hilfe?
Meine Hilfe kommt von Gott,
der Weltall und Erde entstehen ließ.
Er gibt Halt deiner Seele
und Kraft deinem Körper.
Mit Liebe erfüllt er dein Herz
und gibt Freiheit deinen Gedanken.
Er begleitet all deine Wege,
zur Seite steht er auch in dunklen Stunden.
Gott behüte dich in Ohnmacht und Angst,
er stehe dir bei in deiner Verzweiflung.
Er bewahre dich vor Hass und Verhärtung,
mache gütig dein Herz für die Menschen.

Neu belebe er deine Hoffnung,
er wische hinweg die Tränen deiner Trauer.
Der lebendige Gott ist dir treu,
er wird dich befreien zur Auferstehung vom Tode.
Ehre sei dem Vater und dem Sohn
und dem Heiligen Geist,
wie im Anfang, so auch jetzt und allezeit
und in Ewigkeit. Amen.

Anrufungen Gott, du hilfst uns, den Wert und den Sinn des Lebens zu bedenken angesichts des Todes unserer Verstorbenen.

A Gott, auf dich vertrauen wir.

V Gott, du hilfst uns, Ermutigung und Anregung zu ziehen aus den Erfolgen und Werken unserer Verstorbenen.

A Gott, auf dich vertrauen wir.

V Gott, du hilfst uns, Barmherzigkeit zu üben und Verständnis zu zeigen angesichts des Lebensschicksals unserer Verstorbenen.

A Gott, auf dich vertrauen wir.

V Jesus Christus, unser Bruder, du bist am Kreuz gestorben und stehst uns bei in Angst und Ausweglosigkeit.

A Gott, auf dich vertrauen wir.

V Christus, du bist aus dem Tod erstanden und hast für uns das Grab zum Zeichen der Hoffnung gemacht.

A Gott, auf dich vertrauen wir.

V Jesus, unser Bruder, du bist geborgen in Gott und öffnest unsere Augen für das Unvergängliche und Bleibende in unserem Leben.

A Gott, auf dich vertrauen wir.

Vaterunser Wir bleiben Kinder des lebendigen Gottes, ob wir leben oder sterben. Im Vaterunser wissen wir uns verbunden mit unserem verstorbenen Bruder (unserer verstorbenen Schwester) N. N. So lasst uns gemeinsam beten:
Vater unser im Himmel …

Schlussgebet Gott, unser Vater, wir nehmen Abschied von unserem verstorbenen Bruder (unserer verstorbenen Schwester) N. N.
Für ihn (sie) ist die Zeit des Lebens auf dieser Welt zu Ende gegangen. Für ihn (sie) sind zu Ende die Sorgen um leibliches Wohlergehen. Für ihn (sie) sind zu Ende körperliche Leiden, Schmerzen und Gebrechen. Er (Sie) ist heimgekehrt in deinen ewigen Frieden und bleibt lebendig in unseren Gedanken und Gefühlen, bleibt wirkend in seinen (ihren) Taten und seinen (ihren) Worten.
Du lässt uns lernen aus seinen (ihren) Begrenzungen und Belastungen, du lässt uns Zuversicht schöpfen aus seinem (ihrem) Lebenswillen und aus allem Guten, das er (sie) gewirkt hat. Wir danken dir für sein (ihr) Dasein unter uns in dieser Welt.
Nun vertrauen wir ihn (sie) dir an und glauben, dass er (sie) eine bleibende Heimat findet bei dir und verbunden bleibt mit unserem Leben und mit all jenen, die ihm (ihr) nahestehen. Amen.

Segen (siehe S. 57 f.)

Abschluss Lasset uns gehen in Frieden.

STERBEROSENKRANZ

GLAUBENSGEBET

Anstelle des Glaubensbekenntnisses kann dieses Glaubensgebet gesprochen werden.

V Gott, wir glauben, dass du uns Menschen geschaffen hast als dein Ebenbild. Du hast uns mit göttlicher Würde ausgestattet und uns die Sorge füreinander aufgetragen.

A Gott, stärke unseren Glauben!

V Wir glauben, dass deine Liebe unsere Freiheit achtet und du uns Raum gibst, auch Fehler zu machen. Du hilfst uns, aus unseren Fehlern zu lernen.

A Gott, stärke unseren Glauben!

V Wir glauben, dass du diese Welt liebst, aus der du auch uns hast entstehen lassen. Wir dürfen sie nutzen und uns an ihr erfreuen. Du hast uns als verantwortungsvolle Verwalter für sie eingesetzt.

A Gott, stärke unseren Glauben!

V Wir glauben, dass du dich offenbarst in der liebenden Begegnung von Mann und Frau und lebendig bist in unserer Sorge für die Kinder und für die Benachteiligten der Erde.

A Gott, stärke unseren Glauben!

V Wir glauben, dass dein Antlitz unter uns Menschen sichtbar wurde in Jesus Christus, der zeigte, welche Würde uns geschenkt ist und zu welcher Liebe wir fähig sind.

A Gott, stärke unseren Glauben!

V Wir glauben, dass dein Geist unter uns lebendig ist, wenn wir einander offen und ehrlich begegnen, wenn wir urteilendes und abwertendes Denken überwinden und alle Formen von Herrschaft untereinander abbauen.

A Gott, stärke unseren Glauben!

V Wir glauben an die Vergebung der Schuld, an die Heilung der Verwundungen, an die Macht der Liebe gegen Hass und Unrecht.

A Gott, stärke unseren Glauben!

V Wir glauben, dass wir im Tode nicht untergehen, dass wir auch nach diesem Leben verbunden bleiben mit dir, mit den Menschen und mit deiner ganzen Schöpfung.

A Gott, stärke unseren Glauben!

TEXTVARIANTE FÜR DAS AVE-MARIA

Wir grüßen dich, Maria, Tochter des ewigen Gottes,
du Prophetin gerechterer Zukunft,
du starke Frau und liebevolle Mutter,
du hast uns geboren den wahren Menschen
Jesus, der … (Einfügung)
Maria, du Urbild gläubigen Lebens, stärke unser Vertrauen,
mehre unsere Hoffnung, nähre unsere Liebe.
Sei mit uns in Zeit und Ewigkeit. Amen.

ALTERNATIVE GESÄTZE

- Jesus, der weinte um seinen Freund Lazarus.
- Jesus, der weinte um die Zukunft Jerusalems.
- Jesus, der die weinenden Frauen tröstete.
- Jesus, der Trost fand im Gebet am Ölberg.
- Jesus, der sein Leben in die Hand des himmlischen Vaters legte.

In einem Sterberosenkranz, bei dem pro Gesätz nur fünf Ave-Maria gebetet werden, können nach jedem dieser gekürzten Gesätze meditative Texte vorgetragen werden mit anschließender besinnlicher Stille (evtl. mit leiser meditativer Musik), zu der jeweils eigens eingeladen wird.

MEDITATIVE EINFÜGUNGEN

1

Staunenswert, o Gott, ist das Wunder des Lebens der vielfältigen Geschöpfe auf dieser Erde.
Staunenswert ist das Dasein des Menschen. Du hast ihn mit göttlichem Geist erfüllt und ihm sein Bewusstsein geschenkt. Du hast ihn bei seinem Namen genannt und ihn befähigt, ICH zu sagen.
Trotz der Lasten des Lebens machst du ihn bereit, mit Liebe und Güte für andere da zu sein und Sorge zu tragen für die Bewahrung deiner Schöpfung.
Gott, wir danken dir für das Wunder des menschlichen Lebens.

2

Gott, verlassen hat uns, der zu uns gehörte. Sei darum Halt und Trost im Dunkel unserer Hilflosigkeit und führe uns aus dem Tal der Tränen. Bleibe uns nahe in unserem großen Schmerz und überlass uns nicht dem Abgrund tiefer Trauer.
Die Einsamkeit ist grausam.
Heile die Wunde der Trennung
und schenke uns
die Nähe guter Menschen,
die einfach da sind,
die Fragen und Verbitterung zulassen.
Halte in uns die Erinnerung wach
an helle Tage,
an frohe Stunden
und an Kinderglück voller Lachen.
Bewahre uns den Glauben an das Leben
hier auf dieser Erde und bei dir.
Gott,
lass uns deine Liebe erfahren,
die unsere Tränen sieht
und leise fortwischt.
Stärke in uns die Hoffnung,
dass wir uns wiedersehen,
geheilt und voller Freude.

Nach P. Heinz Perne

3

Bleibe bei uns, Herr,
wenn es Abend werden will und der Tag sich neigt.
Bleibe bei uns und bei allen Menschen dieser Erde.
Bleibe bei uns am Abend des Tages,
am Abend des Lebens,
am Abend der Welt.
Bleibe bei uns
mit deiner Gnade und Güte,
mit deinem Wort der Liebe,
mit deinem Trost und Segen.
Bleibe bei uns, wenn über uns kommt
die Nacht der Trübsal und der Angst,
die Nacht des Zweifels und der Einsamkeit,
die Nacht des bitteren Todes.
Bleibe bei uns und bei allen Menschen
in Zeit und Ewigkeit.

4

Leben und Tod liegen oft nahe beieinander,
nur eine sehr begrenzte Spanne Zeit steht uns Menschen
auf dieser Erde zur Verfügung.
Wer einmal da war, gehört für immer dazu,
gehört zur Geschichte dieser Welt,
gehört zum Lebensgang der Menschheit
und gehört innerlich zu den Menschen,
mit denen er vertraut war.
Wir sind der Vergänglichkeit unterworfen.
Aber wir sind auch beseelte Wesen, die spüren:
Was an innerer Bedeutung füreinander gewachsen ist,
an innerer Verbundenheit des Mitgefühls,
der Wertschätzung und des Vertrauens,
verschwindet nicht mit dem Zerfall der äußeren Gestalt.
Wir sind Wesen des Vorübergangs
und wir sind gleichzeitig Wesen jenseits der Vergänglichkeit,
wir gehören schon jetzt auch einer anderen,
einer bleibenden Wirklichkeit an.
Wir sind Wesen mit dem Atem Gottes in uns,
Wesen seines Geistes,

KONKRETE LITURGIE

Gestaltungshilfen für Gottesdienste

VERLAG FRIEDRICH PUSTET

KONKRETE LITURGIE

Die Reihe bietet Modelle, Gestaltungsimpulse und Materialien für konkrete liturgische Feiern zu verschiedensten Anlässen – für Priester und Laien.

Advents- und Weihnachtszeit

HELMUT SCHLEGEL OFM

Mitten unter euch …

Kreativ Gottesdienst feiern in der Advents- und Weihnachtszeit

Der Autor legt 18 kreative und vielfältige Liturgiemodelle mit Symbolen, Zeichenhandlungen und Anschauungsmaterialien vor.

»Wie man es von der Reihe Konkrete Liturgie gewohnt ist, sind die liturgischen Bausteine fertig ausgearbeitet – und warten nur auf den Einsatz vor Ort in der Pfarrgemeinde.« GEMEINDE CREATIV

128 S., kart., ISBN 978-3-7917-3207-7
€ (D) 14,95 / € (A) 15,40 / auch als eBook

RUDOLF PETER BARES (HG.)

Wir haben seinen Stern gesehen

Feierformen und Gestaltungsideen in Advents- und Weihnachtszeit

Anregungen für die Gestaltung von Gottesdiensten in der Advents- und Weihnachtszeit: von der Adventskranzsegnung über Frühschichten und Roratefeiern bis zu Krippenspiel, Kindersegnung u. v. m.

144 S., kart., ISBN 978-3-7917-3000-4
€ (D) 16,95 / € (A) 17,50 / auch als eBook

GUIDO FUCHS (HG.)

Rorate

Neue Modelle für Gottesdienste im Advent

Die Modelle bringen die adventliche Botschaft neu zum Klingen – auch mit Texten zur Besinnung, neuen Liedern und Gesängen.

2. Auflage, 208 S., kart., ISBN 978-3-7917-2277-1
€ (D) 16,95 / € (A) 17,50

Fasten- und Osterzeit

HANNS SAUTER

Kreuz, auf das ich schaue

Kreuzwegandachten, Gottesdienste und Betrachtungen zur Passion Jesu

Hanns Sauter bietet Kreuzwegandachten und andere Feierformen, u.a. Buß-, Passions-, Ölbergandacht, Eucharistische Anbetung. Alle Feiern können auch von Laien geleitet werden.

144 S., 1 Abb., kart., ISBN 978-3-7917-2869-8
€ (D) 16,95 / € (A) 17,50 / auch als eBook

WERNER EIZINGER / EMMERAM KRÄNKL

Die sieben letzten Worte Jesu am Kreuz

Andachten in der Fastenzeit

Die Autoren meditieren auf sehr unterschiedliche Art in je einem Andachtenzyklus die sieben letzten Worte Jesu am Kreuz – Eizinger in einer Art ›Geistlichen Schriftlesung‹, Kränkl wählt musikalische Andachten.

80 S., kart., ISBN 978-3-7917-2104-0
€ (D) 10,95 / € (A) 11,30

MARCUS LAUTENBACHER

Familiengottesdienste für die Fastenzeit

Kind- und familiengerecht – vier vollständig ausgearbeitete Gottesdienstreihen für jeweils fünf Fastensonntage, die die Bedeutung der österlichen Vorbereitungszeit erschließen.

160 S., kart., ISBN 978-3-7917-2486-7
€ (D) 15,95 / € (A) 16,40

JENS MAIERHOF (HG.)

Bußgottesdienste

Versöhnungsfeiern im Jahreskreis und zu besonderen Anlässen

25 Modelle für Bußgottesdienste in der Fastenzeit, während der Erstkommunion- und Firmkatechese. Dabei werden aktuelle Themen für eine Gewissenserforschung aufgegriffen und alternative Formen der Buße angeboten.

120 S., kart., ISBN 978-3-7917-2487-4
€ (D) 12,95 / € (A) 13,40

HELMUT SCHLEGEL OFM

Verwandlung feiern

Kreative Gottesdienste in der Fasten- und Osterzeit

»[…] enthält eine Vielzahl von ausformulierten Segenssprüchen, Fürbitten, Meditationen, Gebeten und Betrachtungen. […] Keine Messfeier, nur eine Andacht? Auch kein Problem. Die Elemente lassen sich wie Bausteine neu kombinieren und auch einzeln einsetzen.« GEMEINDE CREATIV

128 S., kart., ISBN 978-3-7917-3240-4
€ (D) 14,95 / € (A) 15,40 / auch als eBook

HANS WÜRDINGER

Die Heilige Woche

Gottesdienstmodelle für Palmsonntag bis Ostern

Originell geschriebene Vorschläge für die liturgischen Feiern: nicht nur Predigtmodelle und Fürbitten, sondern auch Betrachtungen zu den Personen am Rand der Passion und Anregungen für Gottesdienste mit Kindern.

176 S., kart., ISBN 978-3-7917-2259-7
€ (D) 16,95 / € (A) 17,50

AXEL BERND KUNZE (HG.)

»Geht in alle Welt …«

Gottesdienste für alle Tage der Osterzeit

Kunze liefert hier zu jedem der 50 Tage von Ostern bis Pfingsten Texte für den Gottesdienst, in deren Mittelpunkt Besinnungen zu den Lesungstexten stehen: sehr empfehlenswert!

176 S., kart., ISBN 978-3-7917-2349-5
€ (D) 16,95 / € (A) 17,50

GUIDO FUCHS (HG.)

Veni Sancte Spiritus

Gebete, Lieder und Gottesdienste zum Heiligen Geist

Vor allem Pfingsten lässt sich als Hochfest des Heiligen Geistes ausdrucksvoll gestalten (Vigil, Vesper). Darüber hinaus ist vor allem die Firmung ein Anlass für neuere Gebete und Lieder zum Heiligen Geist. Es wäre aber falsch, den ›Beistand‹ und Tröster in der übrigen Zeit des Jahres gleichsam wieder ins Regal zurückzustellen.

120 S., kart., ISBN 978-3-7917-2500-0
€ (D) 12,95 / € (A) 13,40

Marienandachten

MAGDALENA WIDMER

Sag an, wer ist doch diese

Marienandachten

128 S., 20 farb. Abb., kart.
ISBN 978-3-7917-3505-4
€ (D) 16,95 / € (A) 17,50
auch als eBook

Entlang von marianischen Wallfahrtsorten wurden diese Gottesdienste thematisch zusammengestellt. Für wiederkehrende marianische Andachten im Lauf des Kirchenjahres und in den Monaten Mai und Oktober können auch einzelne Teile frei kombiniert werden.

Im Blick auf Maria, die als Jungfrau und Mutter, als Dienerin und Königin, als Helferin und Trösterin verehrt wird, sollen Mitfeiernde einen ermutigenden Impuls für ihr Engagement im Alltag mitnehmen. Das Büchlein verpflichtet sich einem Gottes- und Menschenbild, das Frauen und Männer einlädt, im Blick auf Maria den eigenen Weltauftrag im Licht Christi zu erkennen und zu leben.

WERNER EIZINGER

Mit Maria glauben, hoffen, lieben

Neue Maiandachten

Im Zentrum jeder Andacht stehen zwei Besinnungen, die sich jeweils einem Aspekt aus dem Leben Marias widmen und ihn mit den Erfahrungen, die Menschen heute machen, verknüpfen. Gebete, Fürbitten, Marienrufe und Lieder ordnen sich in die klare und übersichtliche Struktur dieser Andachten ein, die ohne Aufwand in kleineren und größeren Gemeinschaften gefeiert werden können.

3. Auflage, 80 S., kart., ISBN 978-3-7917-2317-4
€ (D) 12,95 / € (A) 13,40

Feierformen im Kirchenjahr

HEINRICH BÜCKER (HG.)

Halleluja und Helau

Karnevalspredigten und Ostergelächter

Büttenreden im Gottesdienst? Nein, aber das Buch bietet geistreiche, mit Humor gewürzte Auslegungen der Evangelien an den Faschingssonntagen. Mit Reim und Versmaß präsentieren die Autoren ihre Predigten.

2. Auflage, 112 S., kart., ISBN 978-3-7917-2421-8
€ (D) 12,95 / € (A) 13,40

SEBASTIAN BRAUN

zeit-los, atem-los

Früh- und Spätschichten für Advent und Fastenzeit

»Wer diese Gebetsform in der Gemeinde etablieren möchte oder neue Ideen sucht, findet in dem Buch zahlreiche Anregungen.«
GOTTESDIENST

88 S., kart., ISBN 978-3-7917-3048-6
€ (D) 12,95 / € (A) 13,40

ROBERT WEINBUCH

Kursänderung

Versöhnungswege für Kinder, Jugendliche und Erwachsene

Die Modelle laden ein, das Leben zu reflektieren, Schuldgefühle aufzuarbeiten und das eigene Denken und Handeln neu zu justieren.

152 S., kart., ISBN 978-3-7917-2768-4
€ (D) 16,95 / € (A) 17,50 / auch als eBook

MONIKA MASSMANN (HG.)

»Der Himmel geht über allen auf«

Gottesdienste im Freien. Gebetsgänge, Prozessionen, Andachten und Segnungen

Materialien für Maiandachten, Berggottesdienst oder Tiersegnung – Gottesdienste im Freien rühren an Emotionen und lassen die Anwesenheit Gottes in seiner Schöpfung erahnen.

144 S., kart., ISBN 978-3-7917-2420-1
€ (D) 14,95 / € (A) 15,40

HELMUT SCHLEGEL OFM

Gott ist bunt

Kreative Gottesdienste für besondere Zeiten und an besonderen Orten

»[Die] Modelle sind vielfältig mit Symbolen, Zeichenhandlungen, Anschauungsmaterialien sowie nachdenklichen und meditativen Texten gestaltet. Sie kommen aus der gefeierten Praxis und sind lebensnah, verständlich und ganzheitlich. Die Gestaltungsvorschläge können so, wie sie vorliegen, übernommen werden, regen aber ebenso an, eigene Ideen daraus weiterzuentwickeln.«

PRAXIS GEMEINDEPÄDAGOGIK

144 S., kart., ISBN 978-3-7917-3283-1
€ (D) 16,95 / € (A) 17,50 / auch als eBook

WERNER EIZINGER

Heute Christ sein

Meditative Andachten durch das Kirchenjahr

In 21 kleinen Andachten meditiert Werner Eizinger aktuelle Themen: Vergebung, Verantwortung, Gerechtigkeit u. v. m.

120 S., kart., ISBN 978-3-7917-3137-7
€ (D) 14,95 / € (A) 15,40 / auch als eBook

BARBARA PALM-SCHEIDGEN

Sucht mein Antlitz!

Frauengottesdienste

Biblische Frauengestalten inspirieren Frauen heute bei der Suche nach ihrem Platz in Theologie, Kirche und Glaubensleben und machen auf die weiblichen Akzente im Gottesbild aufmerksam. Barbara Palm-Scheidgen liefert unterschiedlichste Feierformen für zahlreiche Anlässe.

144 S., kart., ISBN 978-3-7917-2914-5
€ (D) 14,95 / € (A) 15,40 / auch als eBook

MANFRED HANGLBERGER

Leben in Fülle

Thematische Wortgottesdienste

»Diese Gottesdienstentwürfe […] wollen helfen, Zugang zu dem heilenden Gott zu finden. Wegen ihrer Kürze sind sie nicht nur für den Gemeindegottesdienst geeignet […].« KA DAS ZEICHEN

112 S., kart., ISBN 978-3-7917-1879-8
€ (D) 12,95 / € (A) 13,40

Besondere Anlässe und thematische Gottesdienste

BARBARA PALM-SCHEIDGEN

Dass Friede werde unter uns

Friedensgebete und -gottesdienste

Verschiedene liturgische Formen (ökumenisches Friedensgebet, Wortgottesdienst, Eucharistiefeier, Predigtgottesdienst, Andacht, Politisches Nachtgebet u. a.) und zahlreiche Anlässe im Jahr (zu Beginn des neuen Kirchenjahres, Advent, pfingstliche Zeit, Mauerfall und Wiedervereinigung Deutschlands usw.) laden über die Konfessionsgrenzen hinweg zum Gebet für den Frieden ein.

120 S., kart., ISBN 978-3-7917-3097-4
€ (D) 14,95 / € (A) 15,40 / auch als eBook

XAVER KÄSER

Lobpreisgebete

für Wort-Gottes-Feiern, Andachten und Eucharistieverehrung

Das Buch enthält zahlreiche Lobpreisgebete für Sonn- und Festtage, auf das Wort Gottes, auf die Eucharistie sowie zu bestimmten Anlässen im Kirchenjahr. Sie bereichern die Liturgie, machen sie feierlich und als Dienst vor Gott angemessen.

128 S., kart., ISBN 978-3-7917-3053-0
€ (D) 14,95 / € (A) 15,40 / auch als eBook

XAVER KÄSER

Brot des Lebens

Eucharistische Andachten

25 ausgearbeitete Andachten in einer frischen und zeitgemäßen Sprache und Gestaltung. Im Zentrum steht dabei die Gegenwart Christi in seinem Wort, im eucharistischen Brot, in der Gemeinschaft der Betenden.

136 S., kart., ISBN 978-3-7917-2729-5
€ (D) 14,95 / € (A) 15,40 / auch als eBook

GUIDO FUCHS (HG.)

Es muss nicht immer Messe sein

Andachten, Wort-Gottes-Feiern und kleine liturgische Formen

Das Büchlein enthält zahlreiche Formen, Elemente, Texte und Hinweise für die Gestaltung kleiner Gottesdienste im Alltag. Dazu gehören: Wort-Gottes-Feiern an Wochentagen, Andachten, Anbetungsstunden, Taizégebet, Morgen- und Abendlob u. v. m.

2. Auflage, 128 S., kart.
ISBN 978-3-7917-2611-3
€ (D) 14,95 / € (A) 15,40 / auch als eBook

MATTHIAS EFFHAUSER

Geistliche Verschnaufpausen

Kurze Andachten für jeden Tag

Matthias Effhauser bietet gottesdienstliche Kurzformen bzw. kleine geistliche Unterbrechungen im Tagesablauf, die unter den verschiedensten Bezeichnungen zu finden sind: als Früh- oder Spätschicht, Mittagsgebet, Gebet ›5 vor 5‹ usw.

»[…] durchweg ansprechende Leitgedanken.« PRAXIS GOTTESDIENST

120 S., kart., ISBN 978-3-7917-2660-1
€ (D) 12,95 / € (A) 13,40 / auch als eBook

WERNER EIZINGER

Ein Gotteswort für jeden Tag

2-Minuten-Predigten für alle Werktage

Da Werktagsgottesdienste häufig unter dem Diktat der Zeit stehen, legt Werner Eizinger für alle Wochentage des Jahres sehr kurze, prägnante Texte vor, in denen er einen zentralen Gedanken des jeweiligen Tagesevangeliums entfaltet.

2. Auflage, 184 S., kart., ISBN 978-3-7917-2176-7
€ (D) 16,95 / € (A) 17,50

HANNS SAUTER

Handeln, weil Gott uns sendet

Gebete und Gottesdienste für Pfarrgemeinderat und kirchliche Gremien

Hanns Sauter liefert spirituelle Begleitung für Pfarrgemeinderäte. Ausgearbeitete Gottesdienstmodelle zeigen, wie die Funktion und die Arbeit der Pfarrgemeinderäte im Gottesdienst sichtbar werden können. Eine Fülle von Gebeten für alle Sach- und Fachausschüsse, andere kirchliche Gremien sowie für konkrete Anlässe rahmt die praktische Arbeit.

104 S., kart., ISBN 978-3-7917-3056-1
€ (D) 12,95 / € (A) 13,40 / auch als eBook

JOHANNES PUTZINGER (HG.)

... und zeig uns deinen Sohn

Rosenkranzandachten

Das Buch enthält 25 neue Andachten zum Rosenkranzgebet, in denen Jesus Christus in seinem Leben für uns im Mittelpunkt steht und meditiert wird – an der Hand Marias.

168 S., kart., ISBN 978-3-7917-2734-9
€ (D) 16,95 / € (A) 17,50 / auch als eBook

MARCUS LAUTENBACHER

Erntedank

Gemeinde-, Familien- und Jugendgottesdienste

Erntedank – ein Fest, das zur besonderen Gestaltung der Gottesdienste herausfordert und von beliebten Traditionen geprägt ist; Impulse für Gottesdienste – mit zeitgemäßen Texten.

2. Auflage, 152 S., kart., ISBN 978-3-7917-2106-4
€ (D) 16,95 / € (A) 17,50

WERNER EIZINGER

Wie Weihrauch steige mein Gebet vor dir auf

Meditative Gottesdienste mit Symbolen

2. Auflage, 120 S., kart.
ISBN 978-3-7917-2137-8
€ (D) 14,95 / € (A) 15,40

Mit liturgischen und alltäglichen Symbolen – z. B. Asche, Weihrauch, Steine, Stundenglas u. v. m. – gestaltet Werner Eizinger meditative Gottesdienste, die von Laien ohne große Vorbereitungszeit geleitet werden können. Die Modelle eignen sich besonders für die unterschiedlichen Gruppen in der Gemeinde, für Einkehrtage oder Kurzandachten mit Schülern.

MARCUS LAUTENBACHER

Wirke in uns, Heiliger Geist

Firmvorbereitung kompakt

Ein intensiver Vorbereitungsweg, der Gruppenarbeit, praktische Firmprojekte, Gottesdienste und Denkimpulse per SMS integriert.
160 S., kart., ISBN 978-3-7917-2731-8
€ (D) 16,95 / € (A) 17,50 / auch als eBook

STEFAN SCHOLZ

Liebes-Wort

Gebete, Fürbitten und Ansprachen zur Trauung

Mit spirituellem Tiefgang und in moderner Sprache wird Stefan Scholz der Liebesgeschichte von Brautpaaren gerecht. Die inspirierenden Modelle bieten jeweils Einführung, Gebet, Lesungsvorschlag, Predigt, Fürbitten und Schlussgebet.
120 S., 1 Abb., kart., ISBN 978-3-7917-2951-0
€ (D) 14,95 / € (A) 15,40 / auch als eBook

CLAUDIA BEIER / CHRISTIAN WURZER

Gott macht uns stark

25 Kleinkinder-Gottesdienste

Gleichbleibende Rituale, kleine Spielszenen, kurze Gespräche und thematisch passende Lieder ermöglichen auch den Kleinsten einen Zugang zur gottesdienstlichen Feier. Für Kinder bis drei Jahre!

160 S., kart., ISBN 978-3-7917-2532-1
€ (D) 16,95 / € (A) 17,50 / auch als eBook

ANTON DINZINGER / MICHAELA FÖRSTER

Schön, dass du da bist

Im Kindergarten durchs Kirchenjahr

Dieses Buch liefert Priestern und Erzieherinnen eine praktische Hilfe durchs Kirchenjahr – mit Gottesdienstmodellen und passenden Ideen für die Weiterarbeit in der Kindergartengruppe. Dabei wird auf einfache und kindgerechte Sprache Wert gelegt sowie auf das ganzheitliche Einbeziehen der Kinder in den Gottesdienst.

168 S., kart., ISBN 978-3-7917-2870-4
€ (D) 16,95 / € (A) 17,50 / auch als eBook

MARCUS LAUTENBACHER

Erstkommunion miteinander vorbereiten

Gottesdienste und Gruppenstunden

Ein innovativer Weg der Erstkommunionvorbereitung: Symbolisch, kommunikativ und geistlich werden die verschiedenen liturgischen Orte erschlossen. Dazu bietet der Autor je einen Stationsgottesdienst, eine Tischgruppenstunde und einen Familiengottesdienst.

144 S., kart., ISBN 978-3-7917-2056-2
€ (D) 14,95 / € (A) 15,40

ANTON DINZINGER / HEIDI EHLEN

Weil Gott uns liebt

Familiengottesdienste für alle Sonntage im Kirchenjahr.

Lesejahr B

»Eine ideenreiche Sammlung, mit deren Hilfe Familien wieder gerne zum Gottesdienst kommen werden.«
BN.BIBLIOTHEKSNACHRICHTEN

2. Auflage, 280 S., zahlr. Abb., Lieder, kart.
ISBN 978-3-7917-1974-0
€ (D) 22,– / € (A) 22,70

ANTON DINZINGER / HEIDI EHLEN

Wir feiern ein Fest

Familiengottesdienste für alle Sonntage im Kirchenjahr.

Lesejahr A

Das erfolgreiche Autorenteam legt für jeden Sonntag im Lesejahr A ein ausgearbeitetes Modell für einen Familiengottesdienst vor. Advents- und Fastenzeit stehen dabei besonders im Fokus.

3. Auflage, 296 S., zahlr. Abb., Lieder, kart.
ISBN 978-3-7917-1919-1
€ (D) 22,– / € (A) 22,70

THOMAS HIEKE

Von Gott erzählen

Familiengottesdienste mit Predigten für Kinder

Thomas Hieke erklärt Kindern und Erwachsenen die biblischen Texte und formuliert passende Einführungen, Kyrierufe, Gebete und Fürbitten. Der Band enthält über 50 Gottesdienstmodelle für ausgewählte Sonntage in allen drei Lesejahren. Darüber hinaus werden auch Modelle für die Feier der Erstkommunion, inklusive Vorstellungsgottesdienst und Dankandacht, geboten.

304 S., kart., ISBN 978-3-7917-2578-9
€ (D) 22,– / € (A) 22,70 / auch als eBook

Senioren, Krankenbesuch und Trauerbegleitung

MARIA PAGEL

Der Augenblick ist kostbar

Gottesdienste mit Demenzkranken in Alten- und Pflegeheimen

Alltag, Biografie und religiöse Erfahrung der demenzkranken Menschen werden verknüpft und aktiviert. Eine wertvolle Hilfe für Pflegende, Betreuer*innen und Seelsorger*innen!

112 S., kart., ISBN 978-3-7917-2530-7
€ (D) 12,95 / € (A) 13,40 / auch als eBook

HANNS SAUTER

Gott, der nach mir schaut

Besinnungsnachmittage mit Senioren

15 ausgearbeitete Modelle zu Themen, die in der Seniorenpastoral immer wiederkehren: Gott, Glaube, Gebet, Abschied, Zukunft u.v.a.

»Fundgrube für Seniorenarbeit.«
NEUE CARITAS

160 S., kart., ISBN 978-3-7917-2659-5
€ (D) 16,95 / € (A) 17,50 / auch als eBook

HANNS SAUTER

Der Herr segne und behüte dich

Segensfeiern und Gottesdienste mit Senioren

Die praxiserprobten Modelle berücksichtigen unterschiedliche Gegebenheiten in Pfarrgemeinden und Pflegeeinrichtungen und können ohne große Vorbereitungszeit geleitet werden.

144 S., kart., ISBN 978-3-7917-2395-2
€ (D) 14,95 / € (A) 15,40

MARIA PAGEL

Stärker als der Tod ist die Liebe

Gedenkgottesdienste in Alten- und Pflegeheimen

In einfachen Formen, die auch von dementen Menschen mitvollzogen werden können, bietet die Autorin zwölf Modelle mit Gebeten, Symbolen und Meditationen, um der Toten zu gedenken und spürbar zu machen, dass die Liebe stärker ist als der Tod.

»[...] aus der Praxis für die Praxis.«
KIRCHENZEITUNG HILDESHEIM

80 S., kart., ISBN 978-3-7917-3320-3
€ (D) 12,95 / € (A) 13,40 / auch als eBook

CHRISTOPH SEIDL (HG.)

... und ihr habt mich besucht

Gebete und Hilfen für Krankenbesuch und Krankenkommunion

Konkrete Hilfen für Krankenbesuchsdienste und Seelsorger*innen! Das Arbeitsbuch versteht sich als Werkstatt für verschiedene Situationen. Der Autor hat langjährige Erfahrung als Krankenhausseelsorger und als Seelsorger in der ambulanten Palliativversorgung.

2. Auflage, 144 S., kart., ISBN 978-3-7917-2610-6
€ (D) 14,95 / € (A) 15,40 / auch als eBook

MANFRED HANGLBERGER

Trauergebete, Traueransprachen

Texte am Sterbebett, für Trauerandachten und Beerdigungen

Die sensibel formulierten Texte zeigen die große seelsorgliche und familientherapeutische Erfahrung des Autors.

5., aktualisierte und erweiterte Auflage
112 S., kart., ISBN 978-3-7917-2886-5
€ (D) 14,95 / € (A) 15,40 / auch als eBook

REINHARD KLEINEWIESE

Vom Leben umfangen

Trauerfeiern und Traueransprachen

»[...] eindringliche und unabgenutzte Bilder.« KIRCHE + LEBEN

3. Auflage, 112 S., kart., ISBN 978-3-7917-2531-4
€ (D) 14,95 / € (A) 15,40 / auch als eBook

Bestellcoupon

Expl.	Titel	Preis (zzgl. Porto)

☐ Ja, ich möchte über Aktuelles aus dem Verlag Friedrich Pustet informiert werden und abonniere den Newsletter an folgende E-Mail-Adresse:

E-Mail

Name, Vorname

Straße

PLZ, Ort

Datum, Unterschrift

Verlag Friedrich Pustet
D-93008 Regensburg
verlag-pustet.de

Telefon 0941 / 92022-0
Telefax 0941 / 92022-330
bestellung@pustet.de

Wesen mit einer seelischen, inneren Welt.
Und so wissen wir uns über den Tod hinaus verbunden
mit denen, die uns vertraut waren,
aber schon vor uns die Schwelle des Todes überschritten haben.
Wir gedenken in Ehrerbietung und Dankbarkeit ihres Lebens
und lassen sie teilhaben an dem,
was für uns weiterhin wertvoll, wichtig und schön ist.

5
Trauer heißt:
den Schmerz annehmen,
dem Schmerz Raum geben in sich,
ihm Zeit geben, bis er von selber abnimmt.
Trauer ist ein Abschiednehmen,
ein Bedenken des Vergangenen,
ein Wahrnehmen dessen,
was den Verstorbenen verbunden hat
mit den Menschen und der Natur,
ein Entdecken dessen,
wie er weiterhin spricht zu den Seinen.
Im Abschiednehmen ereignet sich nicht nur Trennung,
sondern ein Hellsichtigwerden für das,
was ihm lieb war,
was ihm Freude machte,
wohin seine Aufmerksamkeit
und seine Lebensenergie geflossen sind.
In der Trauer geschieht Verwandlung unserer seelischen
Wahrnehmung.

6
Trauer ist die Würdigung der Beziehung.
Trauer ist der Verzicht auf schnelles Sich-wieder-Hinwenden
auf Eigenes,
ist ein Verweilen beim Leben des Verstorbenen,
ist ein Hin-und-her-Wandern
zwischen der Welt der Toten und der Welt der Lebenden,
ist die Wahrnehmung dessen, was von ihm bleibt in uns
und in der Welt, die ihn hervorgebracht und ernährt

und ihm Entfaltungsmöglichkeiten gegeben hat.
Das Ziel der Trauer ist das Einwilligen
in das Leben und Dasein des Verstorbenen,
das Einwilligen in sein Abschiednehmen und Weggehen,
auch die Einwilligung in seinen Tod und in die Art seines Todes.

7

Die Trauer ist eine Einübung des Loslassens.
Die Trauer ist ein Sichverneigen vor dem Verstorbenen (auch vor seinem Sarg):
in Ehrfurcht und Achtung,
in Demut und Ergebung vor der Tatsache des Todes,
in der inneren Bereitschaft, den Verstorbenen loszulassen
und ihn der Mutter Erde und der Ewigkeit Gottes anzuvertrauen,
in Dankbarkeit und in der Bereitschaft,
die Frucht seines Lebens anzunehmen.

8

In der Trauer geschieht Verwandlung der Beziehung:
Nicht mehr Sehnsucht nach dem Nicht-Erlebten und Nicht-Erhaltenen, sondern Annahme des Schmerzes und Verzicht auf das Nicht-Erhaltene.
Im Verzichten entdecken, dass man das Ersehnte in sich trägt.
Die Wende von der Erwartungshaltung, die nach außen gerichtet ist, zur Aufmerksamkeitshaltung, die nach innen gerichtet ist.
Nicht mehr Sehnsucht nach Wiederkehr, nach dem, was wir in der Zukunft erwarten und erhoffen, sondern Wahrnehmung der nährenden und segnenden Gegenwart des Verstorbenen im jetzigen Leben.
Den Verstorbenen in der uns umgebenden Natur und in uns selbst entdecken.

9

Herr, unser Gott, in dir erstrahlt uns die Hoffnung, dass unser Leben nicht untergeht. Bedrückt uns auch das Los des sicheren Todes, so tröstet uns doch die Verheißung der Unsterblichkeit wahrer Liebe. Denn im Tod wird uns das Leben gewandelt, nicht genommen. Auch wenn die äußere Gestalt unserer Verstorbenen zerfällt, lässt du sie

Einheit finden mit der ganzen Schöpfung und Geborgenheit in deiner Liebe, die alles durchdringt und verbindet. Lass uns in Dankbarkeit und Liebe verbunden bleiben mit unseren Verstorbenen, lass sie uns Helfer und Begleiter sein auf unserem Lebensweg.
Im Gedenken an ihr Leben und Wirken schenke uns Güte und Weisheit in unseren Sorgen und Konflikten, damit wir die Tage und Jahre unseres Lebens sinnvoll und menschenwürdig gestalten und im Vertrauen auf deine Gegenwart auch unser eigenes Sterben in Ergebung annehmen, damit wir Frieden haben in uns und Frieden mit unseren Verstorbenen.
Darum bitten wir durch Christus, unseren Herrn und Bruder. Amen.

10

Ich kehre zurück an die Orte, wo wir uns begegnet sind,
und du bist wieder da.
Ich gehe die Wege, die du gegangen bist,
du gehst wieder mit mir.
Ich freue mich an dem, was dich weiterhin erfreut hätte,
und sehe dich mitlächeln.
Ich gehe den Spuren nach, die du hinterlassen hast,
und begegne dir immer wieder.
Nichts kann uns trennen, wenn uns so viel verbindet.

Klaus Huber

11

Statt Blumen

Ein Stück weit konnten wir den Weg des Lebens gemeinsam gehen:
Verhallt sind Worte, die uns bewegten.
Verwehrt sind Blicke, die uns beschenkten.
Verflogen sind Gedanken, die uns bereicherten.
Vergangen sind Zärtlichkeiten, die uns beglückten.
Verflossen sind Träume, die uns bezauberten.
Und doch schimmert durch alle Schleier der Trauer
ein Licht der Hoffnung:
Wir werden uns wieder nahe sein –
zeitlos und glückselig.

Peter Friebe

TRAUERANDACHT

Vorbereitung
- Foto des Verstorbenen in einem Bilderrahmen am Altar
- Zwei brennende Kerzen daneben
- Vier bis sechs Opferlichter in roten Glasbechern auf einem Tischchen in der Nähe des Altars
- Die Osterkerze ist angezündet.

Leises Orgelspiel

Gebet

Herr, unser Gott, ein Menschenleben ist zu Ende gegangen. Ein Leben mit Freude und Schmerzen, mit Erfolgen und Misserfolgen, mit Hoffnungen und Enttäuschungen, mit glücklichen und traurigen Stunden hat seinen Abschluss gefunden.
Herr, wir glauben, dass du Ja gesagt hast zu diesem Leben, dass du diesem Menschen nahe warst auf allen seinen Wegen, ob er es wusste oder nicht, ob er deinem Dasein vertraute oder nicht. Herr, du nimmst diesen Menschen auf in deine Welt der Ewigkeit und Unvergänglichkeit.
In dir finden auch wir Geborgenheit und Frieden und bleiben verbunden mit den Menschen, die uns vertraut waren, und verbunden mit deiner ganzen Schöpfung.
Lass uns erkennen, welchen Wert und Sinn unser Dasein in dieser Welt hat. Lass uns erkennen, was uns Menschen innerlich miteinander verbindet und was uns verbindet mit dir, dem Ursprung und Ziel unseres Daseins.
Herr, wir geben dir diesen Menschen zurück. Wir danken dir für alles Gute und Schöne, das er in diese Welt und in unser Leben gebracht hat. Lehre uns Barmherzigkeit gegenüber seinen Schwächen und Unzulänglichkeiten. Heile du die Wunden seiner Seele, die er durch die Belastungen und Verstrickungen in dieser Welt erfahren hat.

Schenke Frieden uns Lebenden mit den Verstorbenen. Schenke Frieden den Verstorbenen mit den Lebenden und mit denen, die ihnen vorausgegangen sind. Darum bitten wir dich, ewiger, Leben spendender Gott. Amen.

Biblische Lesung oder Meditationstext (siehe S. 23–27, 52–56)

Stille oder leises Orgelspiel

Psalm 63 GL 420 *mit* GL 616.2, VV. 1–2.7.9
Kehrvers Meine Seele dürstet nach dir, mein Gott.

Gott, du mein Gott, dich suche ich,
meine Seele dürstet nach dir.
  Nach dir schmachtet mein Leib
  wie dürres, lechzendes Land ohne Wasser.
Ich denke an dich auf nächtlichem Lager
und sinne über dich nach, wenn ich wache.
  Meine Seele hängt an dir,
  deine rechte Hand hält mich fest.

Lesung oder Meditationstext (siehe S. 23–27, 52–56)

Stille oder leises Orgelspiel

Lied Gott liebt diese Welt (GL 464,5–6)

Litanei von der Gegenwart Gottes (GL 557)

Gedenken *Eine Formularvorlage für die Zusammenstellung der notwendigen Daten für die Trauerandacht finden Sie auf S. 111.*

Verehrte Familie N. N., verehrte trauernde Angehörige, liebe Schwestern und Brüder!
Lasst uns das Leben unseres (unserer) Verstorbenen N. N. bedenken.
Staunenswert, o Gott, ist das Wunder des Lebens der vielfältigen Geschöpfe auf dieser Erde. Staunens-

wert ist das Dasein des Menschen. Du hast ihn mit göttlichem Geist erfüllt und ihm sein Bewusstsein geschenkt. Du hast ihn bei seinem Namen genannt und ihn befähigt, ICH zu sagen. Trotz der Lasten des Lebens machst du ihn bereit, mit Liebe und Güte für andere da zu sein und Sorge zu tragen für die Bewahrung deiner Schöpfung.
Gott, wir danken dir für das Wunder des menschlichen Lebens.

Liedvers Bewahre uns, Gott, behüte uns, Gott, sei mit uns auf unsern Wegen. (GL 453)

L1 Ewiger Gott, du hast unserem verstorbenen Bruder (unserer verstorbenen Schwester) N. N. im Jahr … das Leben geschenkt durch seine (ihre) Eltern N. N. und N. N. Sie haben ihn (sie) ins Leben hinein getragen, geführt und geleitet.
Wir danken dir heute für seine (ihre) Eltern. Wir danken für alles, was sie ihm (ihr) gegeben haben und was sie ihm (ihr) gewesen sind.

Liedvers GL 453
Eine Kerze wird entzündet und vor das Bild am Altar gestellt (wenn möglich durch Angehörige, Kinder, Enkelkinder …).

L2 Wir gedenken in Dankbarkeit all jener, die unseren Verstorbenen (unsere Verstorbene) N. N. in den Jahren seiner (ihrer) Kindheit und Jugend begleitet, ihm (ihr) geholfen und ihn (sie) gefördert haben.

Liedvers GL 453
Eine Kerze entzünden und vor das Bild am Altar stellen.

L1 Im Jahr … hat N. N. mit seiner Ehefrau (ihrem Ehemann) N. N. Hochzeit gefeiert.
Wir danken dir für die Jahre, in denen die beiden ihr Leben gemeinsam gestalten konnten.

Liedvers GL 453
Eine Kerze entzünden und vor das Bild am Altar stellen.

L2 Wir denken an die Kinder, denen der (die) Verstorbene gemeinsam mit seiner Partnerin (ihrem Partner) das Leben geschenkt hat: seine (ihre) Söhne N. N., seine (ihre) Töchter N. N.
Wir danken für alle Liebe und Sorge, die der verstorbene Vater (die verstorbene Mutter) seiner (ihrer) Familie geschenkt hat.

Liedvers GL 453
Eine Kerze entzünden und vor das Bild am Altar stellen.

L1 Wir danken dem (der) Verstorbenen für alles, was er (sie) an Liebe, an Freundlichkeit und Freigebigkeit in diese Welt gebracht hat. Wir danken ihm (ihr) für alle Freundschaft, für alles Wohlwollen und alle Wertschätzung, die er (sie) seinen (ihren) Mitmenschen geschenkt hat.
Und wir danken auch jenen, die mit unserem (unserer) Verstorbenen besonders verbunden waren und es noch sind. Besonders danken wir jenen, die ihm (ihr) in weniger glücklichen Tagen beigestanden sind.

Liedvers GL 453
Eine Kerze entzünden und vor das Bild am Altar stellen.

Vaterunser Vor Gott sind wir alle Schwestern und Brüder, und als Schwestern und Brüder bleiben wir miteinander verbunden mit Lebenden und Verstorbenen. Im Vaterunser wollen wir dies zum Ausdruck bringen:
Vater unser im Himmel …

Friedensgruß Im menschlichen Zusammenleben gibt es viele gegenseitige Belastungen und Verletzungen. Und als Reaktion darauf gibt es nicht selten Verbitterungen und seelische Verhärtungen.
Zwischen Lebenden und Toten ist Versöhnung und Frieden besonders wichtig. Wir bitten um Gottes

Geist, damit wir bereit sind, die Wege der Gerechtigkeit und der Versöhnung zu suchen und zu gehen. Angesichts des Gedenkens an unsere Verstorbenen lasst uns unsere Bereitschaft zum Frieden bekunden: Geben wir einander ein Zeichen des Friedens!

Lied GL 289,7–8 *(Text leicht geändert)*

Wenn ich einmal soll scheiden,
so scheide nicht von mir.
Wenn ich den Tod soll leiden,
so tritt du dann herfür.
Wenn mir am allerbängsten
wird um das Herze sein,
so reiß mich aus den Ängsten
kraft deiner Angst und Pein.

Erscheine mir zum Schilde,
zum Trost in meinem Tod,
und lass mich sehn dein Bilde
in deiner Kreuzesnot.
Da will ich nach dir schauen,
da will ich glaubensvoll
mich ganz dir anvertrauen.
Wer so stirbt, der stirbt wohl.

Segen Der Leben spendende Gott segne euch, er heile die Wunden eurer Seelen und stärke euch auf dem Weg der Trauer.
Er schenke euch wache Aufmerksamkeit füreinander und wecke in euch den Geist der Liebe bei allen Fragen und Sorgen.
Er helfe euch, das Leben zu bejahen auch im Angesicht des Todes.
Das gewähre euch der Leben spendende Gott, der Vater und der Sohn und der Heilige Geist. Amen.
Lasset uns gehen in Frieden.

Weitere Segensgebete siehe S. 57f.

Leises Orgelspiel

Der Andachtsleiter steht schweigend vor dem Altar mit dem Bild des Verstorbenen. Nach ca. einer halben Minute verneigt er sich tief und verlässt den Gottesdienstraum.

TRAUERFEIER UND BEERDIGUNG

FEIER IN DER KIRCHE

Bußbesinnung Herr, unser Gott, in dir hat alles Leben seinen Ursprung, in dir haben wir auch unser Ziel.
Gott, auf dich vertrauen wir.

A Gott, auf dich vertrauen wir.

V Jesus Christus, du hast Ja gesagt zum Menschsein auf dieser Welt im Leben und im Sterben. Sei uns nahe in den dunklen Stunden unseres Weges.
Christus, auf dich vertrauen wir.

A Christus, auf dich vertrauen wir.

V Herr, wir wissen, dass wir auf unserem Lebensweg einander belasten und verletzen, dass wir der Barmherzigkeit und Vergebung der Mitmenschen bedürfen.
Gott, auf dich vertrauen wir.

A Gott, auf dich vertrauen wir.

Gebet Gott, du Ursprung unseres Daseins, Weltall und Erde hast du entstehen lassen. Menschliches Leben konnte sich entfalten auf diesem Planeten, den du uns als Heimat und Lebensraum gegeben hast. Jedem Menschen schenkst du die Einzigartigkeit seines Wesens und das Bewusstsein seiner Würde.
Die Jahre und Jahrzehnte unseres Lebens sind uns geschenkt, um eins zu werden mit der großen Gemeinschaft des Lebens deiner Schöpfung und dich in der Vielfalt alles Geschaffenen zu entdecken.
In den Kräften und in den Früchten der Natur hast du uns bereitgestellt, was wir zum Leben brauchen, und du zeigst uns die Wege seelischen Wachstums in Liebe und Vertrauen, in Sorge und schöpferischer Phantasie. Das Sterben und Vergehen zeigt uns den Zerfall der äußeren Gestalt. Es öffnet uns aber auch die Augen für die bleibende Bedeutung, die wir füreinander haben, die gewachsen ist im Suchen der Seele nach Liebe und im Dasein füreinander.

Das Vergehen der äußeren Gestalt lehrt uns, die irdischen Sicherheiten loszulassen und uns einzuüben in das Vertrauen auf deine bergende Liebe, o Gott, die stärker ist als Tod und Vergessen. Amen.

oder Gott, unser Vater, wir nehmen Abschied von unserem verstorbenen Bruder (unserer verstorbenen Schwester) N. N. Für ihn (sie) ist die Zeit des Lebens auf dieser Welt zu Ende gegangen. Für ihn (sie) sind zu Ende die Sorgen um leibliches Wohlergehen. Für ihn (sie) sind zu Ende körperliche Leiden, Schmerzen und Gebrechen. Er (sie) ist heimgekehrt in deinen ewigen Frieden und bleibt lebendig in unseren Gedanken und Gefühlen, bleibt wirkend in seinen (ihren) Taten und seinen (ihren) Worten.
Du lässt uns lernen aus seinen (ihren) Begrenzungen und Belastungen, du lässt uns Zuversicht schöpfen aus seinem (ihrem) Lebenswillen und aus allem Guten, das er (sie) gewirkt hat. Wir danken dir für sein (ihr) Dasein unter uns in dieser Welt.
Nun vertrauen wir ihn (sie) dir an und glauben, dass er (sie) eine bleibende Heimat findet bei dir und verbunden bleibt mit unserem Leben und mit all jenen, die ihm (ihr) nahestehen. Amen.

Lesungen (siehe S. 52–54)

Homilie (vgl. S. 61–86)

Gedenken für die verstorbenen Angehörigen

Vor allem in den kinderreichen Familien früherer Generationen wurden die verstorbenen Kleinkinder später häufig nicht mehr erwähnt und nicht mitgezählt. Wenn daher im Trauergottesdienst dieser oft vergessenen Geschwister des Verstorbenen gedacht wird sowie der weiteren Angehörigen, die im Tod bereits vorausgegangen sind, wird die Trauerfamilie dies dankbar aufnehmen. Ein solches Totengedenken lässt sich sinnvoll in die Liturgie integrieren:

- *nach einer kurzen Stille der Besinnung im Anschluss an die Predigt*
- *am Schluss der Fürbitten*
- *beim Totengedenken im Hochgebet der heiligen Messe*

Wir gedenken heute auch der Menschen, mit denen N. N. besonders verbunden war, die aber schon vor ihm (ihr) die Schwelle des Todes überschritten haben:

- Wir gedenken seiner (ihrer) verstorbenen Eltern N. N. und N. N.
- Wir gedenken seines (ihres) mit … Jahren verstorbenen Kindes N. N.
- Wir gedenken seiner verstorbenen Ehefrau (ihres verstorbenen Ehemannes) N. N.
- Wir gedenken seiner (ihrer) verstorbenen Geschwister N. N.

Wir bitten seine (ihre) verstorbenen Angehörigen: Nehmt ihn (sie) in Liebe auf in eure Gemeinschaft in der Ewigkeit Gottes.
Und wir bitten den verstorbenen (die verstorbene) N. N.: Schau mit Liebe auf deine *(lebenden!)* Kinder N. N. und auf ihre Familien und begleite sie mit deinem Segen.

Einleitung zu den Bitten

Gott, du Vater und Mutter alles Lebendigen, in deiner Hand bleiben wir geborgen im Leben und im Tod. So höre unser Beten:

oder Gott, alles Leben hat seinen Ursprung in dir. Vergängliches und Unvergängliches erfüllt unsere Seelen und bewegt unsere Gedanken. Voll Vertrauen beten wir zu dir:

oder Gott, du Urgrund der Welt, jeder Anfang und jedes Ende im Leben bewegt unsere Herzen. Du bist uns nahe in Freude und in Trauer. So höre unser Gebet:

oder Aufblühen und Sterben, Wachstum und Zerfallen der äußeren Welt sind Gesetze, die auch unser Leben bestimmen. Im Vertrauen auf Gottes verwandelnde Kraft beten wir:

Bitten *zur Auswahl*

- ○ Lass uns darauf vertrauen, dass du auch im Tod der treue und Leben spendende Gott bist.
- ○ Lass uns im Tode die Gemeinschaft mit dir und miteinander nicht verlieren.
- ○ Bewahre in uns Lebenden die Erinnerung und Wertschätzung für unsere Verstorbenen.
- ○ Schenke uns die Gewissheit, dass der Tod nicht das Ende unserer menschlichen Beziehungen ist und unserer Bedeutung füreinander.
- ○ Lass uns erkennen, wie sehr Leben und Wirken unserer Verstorbenen in unserem Alltag gegenwärtig bleiben.
- ○ Erfülle unsere Herzen mit Dankbarkeit gegenüber unseren Verstorbenen und schenke uns Verständnis gegenüber ihren Schwächen und ihren Unzulänglichkeiten.
- ○ Lass uns darauf vertrauen, dass unser verstorbener Bruder (unsere verstorbene Schwester) N. N. bei dir Frieden und Geborgenheit findet.
- ○ Steh uns bei, damit wir nicht fliehen vor dem Schmerz der Trauer und denen nicht aus dem Wege gehen, die ihre Trauer zeigen.
- ○ Lass uns verbunden sein mit dem Leben und Sterben all deiner Geschöpfe, damit wir spüren, dass wir im Tode nicht herausfallen aus der großen Gemeinschaft allen Lebens.
- ○ Lass uns vertrauen, dass wir im Tode hineingenommen werden in eine tiefere Gemeinschaft mit dir und mit deiner ganzen Schöpfung.
- ○ Durch das Wissen um unseren Tod lehre uns Güte gegenüber den Menschen und liebende Sorge für alles, was lebt.
- ○ Lass uns in der eigenen Trauer nicht blind werden gegenüber dem Leid der anderen, schenke uns ein Mitleiden, das uns tiefer miteinander verbindet.
- ○ Krankheit und Leid sind nicht aus dir. Du leidest mit dem Schmerz des Menschen. Tröste und stärke uns, wenn wir am Ende unserer Kräfte sind.

- Lass nach der Zeit der Trauer die Wunden heilen, die der Tod dieses Menschen in den Herzen der Seinen (der Ihren) gerissen hat.
- Im Wissen um unser eigenes Sterben schenke uns Güte und Weisheit in unseren menschlichen Konflikten.
- Wir bitten um Worte, die denen Trost geben, die in diesen Tagen erfüllt sind von Schmerz und Trauer.
- Herr, schenke uns die Bereitschaft, in der Stunde unseres Todes uns vertrauensvoll in deine Hand geben zu können.
- Lass auch in der Zeit der Trauer unser Leben wachsen und reifen, schenke Heilung den Wunden der Trennung zur rechten Zeit.
- Schenke unserem verstorbenen Bruder (unserer verstorbenen Schwester) N. N. Versöhnung mit seinem (ihrem) Lebensschicksal und mit allen Menschen.
- Gott, schenke unserem (unserer) Verstorbenen die Bereitschaft, mit Wohlwollen auf das Leben seiner (ihrer) Angehörigen (Kinder, Enkelkinder, Ehepartner) zu schauen.
- Lass unseren Verstorbenen (unsere Verstorbene) im Angesicht deiner Barmherzigkeit das Ganze seines (ihres) Lebens annehmen und bejahen.
- Stärke die Angehörigen, damit sie die Kraft finden, den Weg der Trauer zu gehen und in rechter Weise Abschied zu nehmen.
- Lehre die Angehörigen, das Leben des (der) Verstorbenen tiefer zu verstehen, es zu achten und aus seinem (ihrem) Schicksal zu lernen.
- Stärke unseren Glauben an die Wege des Friedens und der Versöhnung zwischen Lebenden und Verstorbenen.
- Schenke uns in der dankbaren Erinnerung an den Verstorbenen (die Verstorbene) die Bereitschaft, die Zeit, die uns zu leben bleibt, recht zu nutzen und unsere Tage verantwortungsvoll und liebevoll zu gestalten.

Abschluss der Bitten

Auf dich vertrauen wir, o Gott, in dir finden wir Trost und neues Leben. So setzen wir auf dich unsere Hoffnung heute und allezeit. Amen.

oder Du gibst uns Halt in Trauer und Ratlosigkeit. Zeige uns Wege, die wieder zum Leben führen. Lass uns nicht verzweifeln in unseren Schmerzen. Darum bitten wir durch Christus, das Licht für diese Welt in Ewigkeit. Amen.

oder Denn du, o Gott, kennst die Schmerzen unserer Seele, du bist nicht fern dem Dunkel unserer Trauer. Lass uns Halt finden in dir. Darum bitten wir durch Christus, dein Antlitz in dieser Welt in Ewigkeit. Amen.

oder Denn alles Leben kehrt zurück in den Leib deiner Schöpfung, mit der du selbst aufs Innigste verbunden bist. Schenke uns Wachstum und Geborgenheit im Leben und im Sterben heute und für alle Zeit. Amen.

oder Das Wissen um unseren Tod lehrt uns, loszulassen, was wir besitzen, und lässt uns vertrauen auf deine bergende Liebe. Schenke Ziel und Erfüllung unserer Sehnsucht heute und alle Zeit. Amen.

Dankgebet Wir danken dir, heiliger Vater, ewiger Gott, durch unseren Herrn Jesus Christus. In ihm erstrahlt uns die Hoffnung, dass unser Leben nicht untergeht.
Bedrückt uns auch das Los des sicheren Todes, so tröstet uns doch die Verheißung der Unsterblichkeit wahrer Liebe. Denn in unserem Tod, o Gott, wird das Leben gewandelt, nicht genommen. Und wenn unsere äußere Gestalt zerfällt, werden wir eins mit deiner Schöpfung; wir bleiben geborgen in deiner Liebe, die alles Sein und Leben durchdringt und verbindet.
Darum danken wir dir für jede Freude und alles Schöne in unserem Leben, dir, dem Urgrund unseres Daseins und der Quelle unserer Leben bejahenden Kräfte. Amen.

oder Wir danken dir, barmherziger Gott; denn aus deiner Hand entspringt alles Leben. Du hast uns Menschen Freiheit geschenkt und Eigenstand den Kräften deiner Schöpfung. Das Leben mit dir lässt in uns wachsen die Sorge und Liebe zu allen Kreaturen.
Das Wissen um das Sterben lehrt uns, loszulassen, was wir besitzen, und uns einzuüben in das Vertrauen auf deine bergende Liebe. So willst du uns vereinen mit aller Vielfalt des vergangenen und gegenwärtigen Lebens deiner Schöpfung, mit der du selbst aufs Innigste verbunden bist.
Deshalb danken wir dir, verbunden mit allen Lebenden und Verstorbenen, heute und in alle Ewigkeit. Amen.

oder Wir danken dir, ewiger Gott, du Urgrund und Quelle des Lebens, denn du bist nicht fern den Leiden der Menschen. Du thronst nicht erhaben über dem Schicksal der Welt.
In Jesus Christus erkennen wir deine Liebe, die nahe ist dem Schmerz des vom Leben Verwundeten. Sein Sterben am Kreuz gibt uns Hoffnung in Verzweiflung und Todesangst, es schenkt uns das Wissen um deine bergende Nähe.
Zu dir kommen wir, Gott, du heilende Kraft unserer Seelen, und legen unser Leben und das Leben unserer Verstorbenen in deine Hände. Amen.

Segen (siehe S. 57f.)

AM LEICHENHAUS

Anrufungen Zu unserem Herrn Jesus Christus beten wir voll Vertrauen für unseren Bruder (unsere Schwester) N. N.:
Erlöse ihn (sie), o Herr!

A Erlöse ihn (sie), o Herr!

V Durch deine bedingungslose Liebe –
Durch deine Geduld mit uns Menschen –
Durch das Heilen der Wunden seiner (ihrer) Seele –

Durch die Vergebung seiner (ihrer) Mitmenschen –
Durch die Gemeinschaft mit allen Lebenden und Verstorbenen –
Durch das Wissen um eine letzte Vollendung –
Weil du selbst die Angst des Sterbens durchlitten hast –
Weil du selbst durch das Tor des Todes geschritten bist –
Weil du das Heil aller Menschen willst –
Weil du die Liebe bist, die rettet und heilt –
Weil du uns befreist aus Angst und Verzweiflung –
Weil du deine Schöpfung liebst und ihr nahe bist –
Weil du das Leben willst und nicht das Verderben –

Gebet Ewiger Gott, wir bitten dich für unseren Bruder (unsere Schwester) N. N. Für ihn (sie) ist das äußere Wirken, Mühen und Kämpfen in dieser Welt zu Ende. Löse ihn (sie) aus den Verstrickungen und Ängsten des irdischen Daseins. Lass ihn (sie) im Angesicht deiner Liebe und Barmherzigkeit Ja sagen zum Ganzen seines (ihres) Lebens. Lass ihn (sie) Frieden finden in seinem (ihrem) Herzen und Versöhnung mit allen Menschen; denn du öffnest ihm (ihr) deine Welt, du Quelle des Lebens.
Wir danken dir durch Christus, unseren Herrn und Bruder. Amen.

oder Ewiger Gott, aus dir kommt alles Leben und in dir finden wir die Vollendung unseres Weges. Du bist verborgen gegenwärtig in deiner Schöpfung; in dir sind wir Menschen miteinander verbunden und mit allem, was du ins Dasein gerufen hast. Auch in unserem Sterben fallen wir nicht heraus aus dieser großen Gemeinschaft, in der auch alles Vergangene und Gegenwärtige Einheit findet in dir. So lass uns in Dankbarkeit und Ehrerbietung Abschied nehmen von unserem verstorbenen Bruder (unserer verstorbenen Schwester) und darauf vertrauen, dass wir durch dich in einer verwandelten Weise mit ihm (ihr) verbunden bleiben. Amen.

Gebet

Herr Jesus Christus, du hast drei Tage im Grab gelegen und durch deine Auferstehung das Grab für uns zum Zeichen der Hoffnung gemacht.
Wir legen den Leib unseres Bruders (unserer Schwester) in dieses Grab und vertrauen darauf, dass nicht im Tode versinken wird, wen du zum Leben und zur Gemeinschaft mit dir gerufen hast.
Dein Ja zu seinem (ihrem) Leben hat ihn (sie) hervorgebracht, dein Ja zum Leben trägt ihn (sie) über den Abgrund des Todes.
Christus sagt uns: Ich bin gekommen, damit ihr das Leben habt und es in Fülle habt. Ich bin nicht gekommen zu richten, sondern zu heilen und zu retten.
Unser Glaube sagt uns: Weil Gott uns liebt, sind wir schon vom Tod zum Leben hinübergegangen. Gott liebt diese Welt, wir bleiben geborgen in der Einheit mit seiner Schöpfung im Leben und im Sterben.
Wer Liebe hat in seinem Herzen, wird leben, auch wenn er stirbt, und jeder, der Vertrauen hat, wird geborgen sein in Gottes Händen. So spricht der Herr, der dich ins Leben rief: Fürchte dich nicht, ich lasse dich nicht fallen, ich rufe dich bei deinem Namen, ich bin dein Gott. Amen.

Zeichenhandlungen am Grab

Wenn wir den Leib der Erde übergeben, wird Gott, der Weltall und Erde entstehen ließ, unseren Bruder (unsere Schwester) in der Gemeinschaft seiner Schöpfung bewahren.

Weihwasser

In der Taufe wurdest du übergossen mit Wasser und eingetaucht in den Strom des Lebens.
Du wurdest getragen und geleitet in die Gemeinschaft der Menschen.
Gott taucht dich ein in seine Liebe, die dich bewahrt vor Vergehen und Vergessen.

Weihrauch Gott schenkte dir den Odem des Lebens;
er ließ dich entstehen durch Vater und Mutter.
Dein Leib war Gottes Tempel.
Du bleibst geborgen im Tempel seiner Schöpfung.

Erdreich Aus Staub bist du geworden
und zum Staube kehrst du zurück.
Gott gab dir diese Erde als Mutter,
sie war dir Quelle der Nahrung und Raum
zum Leben.
Heute wird sie zur Ruhestätte deinem Leib.

Kreuz Das Zeichen unserer Hoffnung,
das Kreuz Jesu Christi,
sei aufgerichtet über deinem Grab.
Es zeigt uns das Antlitz des Mensch gewordenen
Gottes, der uns nahe ist im Leben und im Sterben.
Sein Friede sei mit dir.

Meditation Nicht sterben wirst du, sondern leben.
Geliebt bist du von Gott dem Herrn.
Dem Tode bleibst du nicht gegeben,
drum rühme dich des Lebens gern.
Mit Hoffnung ruf ich voll Vertrauen:
Gott ist mit dir, er steht dir bei,
befreit dich aus des Todes Grauen.
Hab keine Angst, er ist dir treu.

Gebet für Verstorbene und Lebende

Lasst uns im Gebet offen werden für Gottes tröstende Kraft und verbunden bleiben mit unseren Verstorbenen.

- ○ O Gott, lass heil werden, was verwundet und unvollendet ist an ihrem Leben.
- ○ Lass sie Erbarmen finden und Vergebung bei allen Menschen.

Wir beten auch für jene, die um diesen Verstorbenen (diese Verstorbene) trauern.

- ○ Schenke ihnen Halt in ihrer Trauer und tröste sie in ihrem Schmerz.

- Bewahre sie in der Verbundenheit mit ihrem (ihrer) Verstorbenen und schenke ihnen einst ein frohes Wiedersehen.
- Der Gedanke an das eigene Sterben schenke ihnen Güte und Weisheit in ihren menschlichen Sorgen.
- Lass sie erkennen, wie sehr Leben und Wirken ihres (ihrer) Verstorbenen in ihrem Alltag gegenwärtig bleiben.
- Lass sie in der eigenen Trauer nicht blind werden gegenüber dem Leid der Mitmenschen.
- Lass nach der Zeit der Trauer die Wunden heilen, die der Tod dieses (dieser) Verstorbenen in ihren Herzen gerissen hat.
- Schenke Trost denen, die in diesen Tagen erfüllt sind von Schmerz und Trauer.
- Lass auch in der Zeit der Trauer ihr Leben wachsen und reifen, heile die Wunden der Trennung zur rechten Zeit.

Wir beten für uns selbst und für alle Lebenden, besonders für den aus unserer Mitte, der als Erster dem (der) Verstorbenen in die ewige Welt Gottes folgen wird.

- Schenke uns ein empfindsames Gewissen, damit wir erkennen, was dem Leben dient.
- Schenke uns Güte und Verständnis füreinander, damit Wertschätzung und Vertrauen unter uns wachsen können.
- Schenke uns Freude am Leben und liebende Sorge für alle deine Geschöpfe.

oder

- Durch das Wissen um unseren Tod lehre uns Barmherzigkeit gegenüber den Menschen und liebende Sorge für alles, was lebt.
- Wenn unser eigener Weg zu Ende geht, nimm auch uns auf in deine Welt, in der Erlösung findet alle Kreatur.
- Lass uns darauf vertrauen, dass wir im Tode hineingenommen werden in eine tiefere Gemeinschaft mit deiner ganzen Schöpfung.

- Bewahre uns im Angesicht des Todes vor Entsetzen und Verzweiflung und schenke uns vertrauende Ergebung und Stärkung unserer Seele.

Vaterunser Gott bleibt der Leben spendende Vater, ob wir leben oder sterben. So beten wir zu ihm, wie Jesus uns zu beten gelehrt hat:
Vater unser im Himmel …

Schlussgebet Gütiger Gott, wir erkennen dein Wirken, wenn Güte und Vertrauen in uns Menschen lebendig sind. Durch Jesus Christus wissen wir, dass wir im Tod nicht untergehen.
Schenke uns mit unserem verstorbenen Bruder (unserer verstorbenen Schwester) bleibende Gemeinschaft und Einheit mit der ganzen Schöpfung. Darum bitten wir im Geiste Christi, unseres Herrn. Amen.

oder Gütiger Gott, Jesus Christus war ein Mensch wie wir. Er war verbunden mit dem Lachen und Weinen, mit der Trauer und Freude der Menschen. In den Dunkelheiten des Lebens zeigt er uns die Wege des Lichtes und der Hoffnung.
Schenke uns seinen Geist, damit wir mit unserem (unserer) Verstorbenen in dankbarer Erinnerung verbunden bleiben, das wohlwollende Wirken seines (ihres) Lebens weiterhin spüren und uns einst voll Freude wiedersehen in einer verwandelten Schöpfung. So bitten wir im Geiste Christi, unseres Herrn. Amen.

oder Herr, unser Gott, du bist uns nahe und hörst unser Rufen aus Trauer und Leid. Lass uns nicht versinken in Mutlosigkeit und Verzweiflung, sondern tröste uns durch deine Gegenwart. Gib uns die Kraft deiner Liebe, die stärker ist als der Tod. Mit unseren Verstorbenen führe auch uns in die bleibende Gemeinschaft mit dir und deiner Schöpfung. So bitten wir im Geiste Christi, unseres Herrn. Amen.

oder Gott, du Urheber allen Lebens, du verbindest uns Menschen auf dem Weg unseres Lebens innerlich miteinander. So werden wir seelisch füreinander wichtig und liebenswert. Deshalb reißt der Tod eines Menschen schmerzhafte seelische Wunden bei seinen Angehörigen und Freunden.
Wir bitten dich daher für jene, die in diesen Tagen besonders die Schmerzen der Trauer spüren: Stärke und tröste sie auf ihrem Weg und lass sie den Segen ihres Verstorbenen erfahren. So bitten wir in der Verbundenheit mit Jesus Christus, der unser menschliches Schicksal geteilt hat. Amen.

TRAUERFEIER FÜR EIN VERSTORBENES KIND

Einführung Wir Menschen haben das Leben und die Natur nicht im Griff, wir sind nicht die Besitzer und Herren, sondern Empfangende des Lebens und müssen lernen, das Leben loszulassen zu einer Zeit, die wir nicht bestimmen können.
Aber Gottes Ja zu unserem Dasein schenkt uns eine innere Verbundenheit, die uns über den Abgrund des Todes trägt.

Gebet Gott, du geheimnisvolle Kraft hinter aller Wirklichkeit, du bist nicht fern den Leiden der Menschen. Du thronst nicht erhaben über dem Schicksal der Welt. In Jesus Christus erkennen wir deine Liebe, die mitleidet mit dem Schmerz des vom Leben Verwundeten.
Sei uns nahe in unseren Ängsten, stärke uns in unserer seelischen Not, heile die Schmerzen unserer Trauer, begleite uns auf den dunklen Wegen des Lebens und lass uns die tröstende Kraft deiner Nähe erfahren. Darum bitten wir dich, den Schöpfer allen Lebens. Amen.

oder Ewiger Gott, wir sind dem Gesetz der Erde und der Ordnung der Natur unterworfen. Die Erde bringt alles Leben hervor und nimmt alles Leben wieder in sich zurück.
Hilf uns, das Gesetz der Erde zu achten und an das Leben zu glauben auch angesichts unserer körperlichen Vergänglichkeit, und lass uns unseren seelischen Anker werfen in deiner Ewigkeit. Amen.

oder Ewiger Gott, der Tod des (der) kleinen N. N. lässt uns spüren, wie wichtig ist, was die Menschen innerlich miteinander verbindet.
Segne uns, damit wir erkennen, dass die Verstorbenen uns Lebende seelisch stärken und nähren, wenn wir sie achten und sie teilnehmen lassen an unserem Leben. So bitten wir im Vertrauen auf Gottes tröstende Kraft. Amen.

oder Ewiger Gott, Leben und Tod liegen oft nahe beieinander. Eine oft sehr unterschiedliche Spanne Zeit steht uns Menschen auf dieser Erde zur Verfügung. Wer einmal da war, gehört für immer dazu, gehört zur Geschichte dieser Welt, gehört zum Lebensgang der Menschheit und gehört innerlich besonders zu den Menschen, die ihm das Leben geschenkt haben.
Wir sind Wesen des Vorübergangs und wir sind gleichzeitig Wesen jenseits der Vergänglichkeit, wir gehören schon jetzt auch einer anderen, einer bleibenden Wirklichkeit an. Wir sind Wesen mit dem Atem Gottes in uns, Wesen seines Geistes, Wesen mit einer seelischen, inneren Welt.
Und so wissen wir uns über den Tod hinaus weiterhin verbunden mit denen, die zu uns gehören, aber schon vor uns die Schwelle des Todes überschritten haben. Wir gedenken in Ehrerbietung ihres Lebens und lassen sie teilhaben an dem, was für uns weiterhin wertvoll, wichtig und schön ist.

Fürbitten Wir glauben, dass der (die) kleine N. N. bei Gott ist und die tiefe und umfassende Gemeinschaft Gottes mit seiner ganzen Schöpfung miterlebt.

- *Bei einer Totgeburt oder bei einem Tod kurz nach der Geburt:*
  Wir beten für die Eltern des (der) kleinen N. N., dass sie auch ihr verstorbenes Kind annehmen können als ihr Kind, mit dem sie ihr ganzes Leben und über den Tod hinaus verbunden bleiben.

- Wir beten für die Eltern, dass sie ihrem Sohn (ihrer Tochter) für immer einen guten Platz in ihren Herzen geben und es ihnen später gelingt, ihn (sie) innerlich auch an dem teilhaben zu lassen, was sie selbst Schönes in der Welt erleben.
- *Beim Tod eines Zwillingskindes:*
  Wir beten für den kleinen (die kleine) N. N., den Bruder (die Schwester) von N. N., dass er (sie) zu einem Leben in Vertrauen, Hoffnung und Liebe findet. Lass ihn (sie) erfahren, dass ihn (sie) die Verbundenheit mit seinem Bruder/seiner Schwester (ihrem Bruder/ihrer Schwester) nicht mit dem Tod, sondern mit dem Leben verbindet.
- Wir bitten dich um deinen Beistand für die Eltern und Angehörigen des (der) kleinen N. N., dass sie ihre Ohnmacht und Hilflosigkeit annehmen und das vergebliche Suchen nach einer Antwort auf ihre bitteren Fragen ertragen können. Schenke ihnen Ergebung, wo menschliches Kämpfen und Aufbäumen sinnlos sind.
- Wir beten für die Eltern, dass sie für ihren Schmerz und für ihre Trauer Verständnis und Anteilnahme bei den Mitmenschen finden.
- Wir bitten den verstorbenen (die verstorbene) N. N. um seinen (ihren) Segen für seine (ihre) Eltern, dass sie den dunklen Weg der Trauer gemeinsam gehen, dass sie den Glauben an das Leben wiederfinden, dass sie ihr eigenes Leben weiterhin als Geschenk und Aufgabe verstehen können.

Wir verneigen uns vor dem Schicksal des (der) kleinen N. N., vor seinem (ihrem) Leben und vor seinem (ihrem) Tod und versprechen, die Tage und Jahre, die uns noch geschenkt sind, sinnvoll und liebevoll zu gestalten, auch ihm (ihr) zur Freude und begleitet und gestärkt mit seinem (ihrem) Segen. Amen.

Am Grab – vor dem Einsenken des Sarges

Liebe(r) N. N.,
es ist so traurig und es tut so weh, dass du uns verlassen hast und dass wir von dir Abschied nehmen müssen. Schau von dort aus, wo du jetzt bist, mit Liebe und Wohlwollen auf uns. Schau besonders auf deine Eltern, die dir einst das Leben geschenkt haben, und schau auf deinen Bruder (deine Schwester ...). Tröste sie alle in ihrem Schmerz.
Hilf ihnen, nach der Zeit der Trauer wieder zurückzufinden zu ihrem Leben in dieser Welt. Begleite deine Eltern und deinen Bruder (deine Schwester ...) mit deinem Segen, damit sie zum Leben Ja sagen können – auch im Angesicht des Todes.
Lass sie spüren, wie wichtig es ist, dass sie dich zur rechten Zeit loslassen können und Achtung haben vor deinem Schicksal. Lass sie spüren, dass ihr immer miteinander verbunden bleibt, dass aber auch jeder sein eigenes Leben und sein eigenes Schicksal hat.
Hilf deinen Eltern, dass sie liebevolle Menschen bleiben und später auch wieder das Schöne im Leben sehen können und sich dann auch wieder freuen können. Jetzt aber steh ihnen bei in ihrem großen Schmerz und begleite sie mit deinem Segen auf allen Wegen ihres Lebens. Amen.

oder Liebe Mutter Erde, du hast alles Leben hervorgebracht: das Leben der Blumen und Bäume, der Tiere und der Menschen. Du schenkst uns Nahrung und so vieles, was das Leben schön macht.
Du braune, dunkle Erde, du birgst das göttliche Geheimnis des Lebens in dir, du bist voll von Sehnsucht nach Leben, in dir schlummert die göttliche Liebe, die dich drängt, Leben hervorzubringen und es zur Welt kommen zu lassen. In dir atmet das göttliche Ja zum Leben eines jeden von uns.
Dir, der Mutter alles Lebendigen, geben wir heute den Körper des (der) kleinen N. N. zurück. Dann wird er (sie) in ganz neuer Weise verbunden sein mit jeder Blume und mit jedem Schmetterling, mit jedem

Sonnenstrahl und mit den Sternen, die am Himmel funkeln, und mit all den Menschen, die vor uns gelebt haben.
Mutter Erde, nimm den kleinen (die kleine) N. N. auf und lass uns spüren, dass seine (ihre) Seele bei Gott ist und auch weiterlebt in unseren Herzen. Schenke uns deinen Segen, damit wir das Leben lieben können – auch im Angesicht des Todes –, und hilf uns, gut miteinander umzugehen und liebevoll mit der großen Gemeinschaft alles Lebendigen. Amen.

BIBLISCHE LESUNGEN

JES 43,1–3 (DIE HEIMKEHR ISRAELS)

So spricht der Herr, der dich geschaffen hat, Jakob, und der dich geformt hat, Israel: Fürchte dich nicht, denn ich habe dich ausgelöst, ich habe dich beim Namen gerufen, du gehörst mir.

Wenn du durchs Wasser schreitest, bin ich bei dir, wenn durch Ströme, dann reißen sie dich nicht fort. Wenn du durchs Feuer gehst, wirst du nicht versengt, keine Flamme wird dich verbrennen. Denn ich, der Herr, bin dein Gott, ich, der Heilige Israels, bin dein Retter.

JES 49,14–16A (GOTTES TROST FÜR ZION)

Zion sagt: Der Herr hat mich verlassen, Gott hat mich vergessen. Kann denn eine Frau ihr Kindlein vergessen, eine Mutter ihren leiblichen Sohn? Und selbst wenn sie ihn vergessen würde: Ich vergesse dich nicht. Sieh her: Ich habe dich eingezeichnet in meine Hände.

IN ANLEHNUNG AN KOH 3,1–8 (ALLES HAT SEINE ZEIT)

Alles hat seine bestimmte Stunde,
und seine bestimmte Zeit
hat jedes Ding unter dem Himmel.
Geborenwerden hat seine Zeit
und Sterben hat seine Zeit.
Pflanzen hat seine Zeit
und Ernten hat seine Zeit.
Niederreißen hat seine Zeit
und Aufbauen hat seine Zeit.
Lachen hat seine Zeit
und Weinen hat seine Zeit.
Klagen hat seine Zeit
und Tanzen hat seine Zeit.
Umarmen hat seine Zeit
und Einander-fern-Sein hat seine Zeit.
Beschenktwerden hat seine Zeit

und Hergeben hat seine Zeit.
Ankommen hat seine Zeit
und Abschiednehmen hat seine Zeit.
Kämpfen hat seine Zeit
und Sichergeben hat seine Zeit.

APG 17,22A.24–28 (GOTT IST KEINEM FERN)

Da stellte sich Paulus in die Mitte des Areopags und sagte: Athener, Gott, der die Welt erschaffen hat und alles in ihr, er, der Herr über Himmel und Erde, wohnt nicht in Tempeln, die von Menschenhand gemacht sind. Er lässt sich auch nicht von Menschen bedienen, als brauche er etwas: er, der allen das Leben, den Atem und alles gibt. Er hat das ganze Menschengeschlecht erschaffen, damit es die ganze Erde bewohne. Sie sollten Gott suchen, ob sie ihn ertasten und finden könnten; denn keinem von uns ist er fern.

Denn in ihm leben wir, bewegen wir uns und sind wir, wie auch einige von euren Dichtern gesagt haben: Wir sind von seiner Art.

RÖM 8,14–17A (DER GEIST MACHT UNS ZU KINDERN GOTTES)

Alle, die sich vom Geist Gottes leiten lassen, sind Söhne und Töchter Gottes. Denn ihr habt nicht einen Geist empfangen, der euch zu Sklaven macht, sodass ihr euch immer noch fürchten müsstet, sondern ihr habt den Geist empfangen, der euch zu Söhnen und Töchtern macht, den Geist, in dem wir rufen: Abba, Vater!

So bezeugt der Geist selber unserem Geist, dass wir Kinder Gottes sind. Sind wir aber Kinder, dann auch Erben; wir sind Erben Gottes und sind Miterben Christi.

RÖM 8,31B.33–34A.35.37–39A (NICHTS KANN UNS SCHEIDEN VON DER LIEBE CHRISTI)

Ist Gott für uns, wer ist dann gegen uns? Wer kann die Auserwählten Gottes anklagen? Gott ist es, der gerecht macht. Wer kann sie verurteilen?

Was kann uns scheiden von der Liebe Christi? Bedrängnis oder Not oder Verfolgung, Hunger oder Kälte, Gefahr oder Schwert? Doch all das überwinden wir durch den, der uns geliebt hat. Denn ich bin gewiss: Weder Tod noch Leben, weder Engel noch Mächte, weder Gegenwärtiges noch Zukünftiges, weder Gewalten der Höhe oder Tiefe noch irgendeine andere Kreatur können uns scheiden von der Liebe Gottes.

JOH 11,32–36 (JESUS WEINTE)

Als Maria aus Betanien Jesus sah, fiel sie ihm zu Füßen und sagte zu ihm: Herr, wärst du hier gewesen, dann wäre mein Bruder nicht gestorben. Als Jesus sah, wie sie weinte und wie auch die Juden weinten, die mit ihr gekommen waren, war er im Innersten erregt und erschüttert. Er sagte: Wo habt ihr ihn bestattet? Sie antworteten ihm: Herr, komm und sieh! Da weinte Jesus. Die Juden sagten: Seht, wie lieb er ihn hatte!

MEDITATIONSTEXTE

1

Leben und Tod liegen oft nahe beieinander, nur eine begrenzte Spanne Zeit steht uns Menschen auf dieser Erde zur Verfügung. Wer einmal da war, gehört für immer dazu, gehört zur Geschichte dieser Welt, gehört zum Lebensgang der Menschheit und gehört innerlich zu den Menschen, mit denen er vertraut war.

Wir sind der Vergänglichkeit unterworfen. Aber wir sind auch beseelte Wesen, die spüren: Was an innerer Bedeutung füreinander gewachsen ist, an innerer Verbundenheit des Mitgefühls, der Wertschätzung und des Vertrauens, verschwindet nicht mit dem Zerfall der äußeren Gestalt.

Wir sind Wesen des Vorübergangs und wir sind gleichzeitig Wesen jenseits der Vergänglichkeit, wir gehören schon jetzt auch einer anderen, einer bleibenden Wirklichkeit an.

Wir sind Wesen mit dem Atem Gottes in uns, Wesen seines Geistes, Wesen mit einer seelischen, inneren Welt.

Und so wissen wir uns über den Tod hinaus weiterhin verbunden mit all denen, die uns vertraut waren, aber schon vor uns die Schwelle des Todes überschritten haben. Wir gedenken in Ehrerbietung und Dankbarkeit ihres Lebens und lassen sie teilhaben an dem, was für uns weiterhin wertvoll, wichtig und schön ist.

2

Das Leben ist ein Planen und Sorgen, ein gewissenhaftes Vorausdenken und Vorsorgetreffen für vieles.
Das Leben ist ein – oft vergebliches – Kämpfen und Sichabmühen.
Das Leben ist ein Staunen und Ergriffensein.
Das Leben ist ein Fragen und Suchen.
Das Leben ist ein Liebgewinnen und Innerlich-verbunden-Werden.
Das Leben ist ein Loslassen und das Einüben
in ein großes Vertrauen.
Das Leben ist ein Ja-sagen-Lernen zu dem,
was ist, und ein Sichergeben.
Das Leben ist die Erfahrung von Geborgenheit und ein Wachsen des Glaubens an das Tragende über den Abgründen der Vergänglichkeit.

3

Trauer ist ein Abschiednehmen, ein Bedenken des Vergangenen, ein Wahrnehmen dessen, was den Verstorbenen verbunden hat mit den Menschen und der Natur, ein Entdecken dessen, wie er weiterhin spricht zu den Seinen.
Im Abschiednehmen ereignet sich nicht nur Trennung, sondern ein Hellsichtigwerden für das, was ihm lieb war, was ihm Freude machte, wohin seine Aufmerksamkeit und seine Lebensenergie geflossen sind.
In der Trauer geschieht Verwandlung unserer seelischen Wahrnehmung.
Trauer heißt: den Schmerz annehmen, dem Schmerz Raum geben in sich, ihm Zeit geben, bis er von selber abnimmt.
Trauer ist die Würdigung der Beziehung.
Trauer ist der Verzicht auf schnelles Sich-wieder-Hinwenden auf Eigenes.
Trauer ist ein einfühlsames Erntendürfen von den seelischen Früchten des Lebens des Verstorbenen.
Trauer ist die Wahrnehmung dessen, was von ihm bleibt in uns und in der Welt, die ihn hervorgebracht und ernährt hat und die ihm Entfaltungsmöglichkeiten gegeben hat.
Ziel der Trauer ist das Einwilligen in das Leben und Dasein des Verstorbenen, das Einwilligen in sein Abschiednehmen und Weggehen, auch das Einwilligen in die Art seines Todes.
Trauer ist Einübung des Loslassens.
Trauer ist ein Sichverneigen vor dem Verstorbenen in Ehrfurcht und Achtung, in Demut und Ergebung vor der Tatsache des Todes – in der inneren Bereitschaft, den Verstorbenen loszulassen und ihn der Mutter Erde und der Ewigkeit Gottes anzuvertrauen.

Weitere Meditationstexte siehe S. 23–27.

ABSCHLIESSENDE SEGENSGEBETE

1

Es segne euch der lebendige Gott. Er ist nahe dem Schmerz der Menschen und gibt uns Halt in unserer Trauer.

A Amen.

Den Lebenden schenke er Weisheit und Güte. Den Verstorbenen heile er die Wunden ihrer Seelen.

A Amen.

Ob wir leben oder sterben, wir bleiben geborgen in seiner Hand und finden Vollendung und Frieden in ihm.

A Amen.

Das schenke euch der dreieinige Gott, der Vater, der Sohn und der Heilige Geist.

A Amen.

2

Es segne euch Gott, der Vater, der allem Leben Dasein und Wachstum schenkt.

A Amen.

Es segne euch Gott, der Sohn, der uns das Bewusstsein unserer menschlichen Würde gibt und Liebe zu allen Geschöpfen.

A Amen.

Es segne euch Gott, der Heilige Geist, der uns tröstet in jeder Trübsal und unsere Gemeinschaft bewahrt über den Tod hinaus.

A Amen.

Das schenke euch der ewige Gott, der Vater, der Sohn und der Heilige Geist.

A Amen.

3

Es segne euch Gott, der Vater und Mutter ist alles Lebendigen: Seine schöpferische Kraft wirke in euch.

A Amen.

Es segne euch Jesus Christus, der wahre Mensch: Er weckt die Kräfte unserer Seele, er bricht nicht den geknickten Halm und löscht nicht den glimmenden Docht.

A Amen.

Es segne euch der Geist Gottes: Er tröstet die Trauernden und hilft uns, das Leben zu bejahen inmitten der Vergänglichkeit. Er bewahre euch in der Gemeinschaft mit euren Verstorbenen.

A Amen.

Das schenke euch der Herr über Leben und Tod, der Vater, der Sohn und der Heilige Geist.

A Amen.

4

Der Leben spendende Gott schenke euch Segen und Heil, er lasse euch erkennen die Wege der Gerechtigkeit.

A Amen.

Er stärke euren Glauben an das Gute in jedem Menschen, damit ihr seine Boten seid für Versöhnung und Frieden.

A Amen.

Er lege in euren Mund Worte der Barmherzigkeit und Güte und schenke euch Menschen, die euch verstehen.

A Amen.

Das gewähre euch der dreieinige Gott, der Vater und der Sohn und der Heilige Geist.

A Amen.

5

Der Leben spendende Gott segne euch, er heile die Wunden eurer Seelen und stärke euch auf dem Weg der Trauer.

A Amen.

Er schenke euch wache Aufmerksamkeit füreinander und wecke in euch den Geist der Liebe bei allen Fragen und Sorgen.

A Amen.

Er bewahre euch vor Bitterkeit und Verhärtung und begleite euch auf dem Weg des Friedens.

A Amen.

Das gewähre euch der Leben spendende Gott, der Vater und der Sohn und der Heilige Geist.

A Amen.

TRAUERANSPRACHEN

BEERDIGUNG EINES BEHINDERTEN KINDES, DAS IM ALTER VON ACHT JAHREN STARB

Evangelium Mk 4,35–41 (Der Sturm auf dem See)

Liebe Familie N. N., liebe Schwestern und Brüder!
Es ist ein bitterer und schmerzlicher Anlass, aus dem wir heute in unserer Kirche versammelt sind. Wir nehmen Abschied von dem kleinen N. N., der überraschend am vergangenen Montag verstorben ist.

Der Tod ist für uns Menschen immer geheimnisvoll und beängstigend. Aber wenn ein Kind stirbt, bewegt uns dieser Tod bis ins Tiefste unseres Denkens und Fühlens, erschüttert unseren Glauben an den Sinn des Lebens und unsere Beziehung zu dieser Welt und zu Gott.

Behinderte Kinder können besonders tief den Eltern und Angehörigen ins Herz hineinwachsen. Und N. N., der gerade in letzter Zeit so viele Fortschritte gemacht hatte und ein fröhliches und zufriedenes Kind war, hat der Familie viel Lebendigkeit und Herzlichkeit geschenkt. Er hatte sich vieles erschlossen, was ihm Freude und Anteilnahme am Leben ermöglichte:

Er liebte es, Kinderlieder auf der Kassette anzuhören, begeisterte sich für Fußball und Basketball, ließ sich das Essen herzhaft schmecken und half den stärker behinderten Kindern in seiner Schulgruppe, sich besser in der Gemeinschaft beteiligen zu können. Behinderte Kinder sind oft nicht nur eine große Last für die Eltern, sie öffnen ihren Eltern und allen, die mit ihnen zu tun haben, die Tür zu neuen seelischen Welten. Sie wecken bei ihren Angehörigen eine besondere Empfindsamkeit für die Bedeutung dessen, was die Menschen innerlich miteinander verbindet, und zeigen der Welt der Erwachsenen die rechte Rangordnung der Werte, zeigen ihnen, worauf es im Leben vorrangig ankommt. Zeigen, wie viele kleine Zeichen des Sich-gegenseitig-Beachtens und der Zärtlichkeit der Mensch braucht, wie viele Kleinigkeiten das Leben wertvoll und liebenswert machen können.

Sie machen bewusst, wie wichtig Menschen füreinander sind, wie wertvoll jeder winzige Fortschritt ist, sich verständlicher zu machen, sich mitzuteilen, sich zu beteiligen am Leben, am Leben auch der anderen. Sie zeigen unbeschwert, wann sie Liebe und Zuwendung brauchen, und sind selbst in unkomplizierter Weise bereit, Liebe und Zuwendung zu geben.

Und nun hat N. N. so schnell Abschied genommen von seiner Familie, ohne Vorbereitung, ohne Ankündigung.

Ein Kind, das gestorben ist, ist in gewisser Weise seelisch größer als wir, die wir noch in dieser Welt leben. Es hat uns die Erfahrung des Sterbens voraus. Und dies ist so bedeutungsvoll, dass sich sogar die Rangordnung zwischen Eltern und Kind verändert.

Es ist seelisch angemessen, sich vor N. N. zu verneigen, Achtung zu haben vor seinem Leben in dieser Welt und auch Achtung zu haben vor seinem Tod, Achtung zu haben vor dem Ganzen seines Schicksals. Gott möge den Eltern helfen, die Jahre des Daseins ihres Kindes dankbar anzunehmen und die Werthaftigkeit, die seelische Lebendigkeit, die es in diese Welt gebracht hat, in sich zu bewahren.

N. N. geht nicht, ohne vieles bei seinen Angehörigen zurückzulassen. Wir glauben, dass er bei Gott ist, und wie Gott bei uns ist und uns immer und überall nahe ist, so sind auch unsere lieben Verstorbenen uns immer und überall nahe – und wollen uns trösten und unseren Lebensmut stärken, uns helfen, Ja zu sagen zum Leben und es liebevoll und wertvoll zu gestalten.

Wir glauben, dass es N. N. gut geht, dass er bei Gott glücklich ist. Verstorbene Kinder wollen ihre Eltern und Angehörigen nicht wegziehen vom Leben. Im Gegenteil, sie wollen, dass sie nach der Zeit der Trauer wieder zurückfinden zum Leben, das Leben wieder neu wagen und lieben lernen.

Ich glaube, dass unsere Verstorbenen und besonders verstorbene Kinder durch jene, mit denen sie innerlich verbunden sind, einen besonderen Zugang zu dieser Welt bewahren und Anteil haben an unserem Leben hier. Deshalb können und dürfen wir sie auch um ihren Segen bitten für unser Leben in dieser Welt.

Liebe Familie N. N., Sie werden den kleinen N. N. ihr Leben lang nicht vergessen. Er war und bleibt ein sehr wichtiger Teil Ihres Lebens.

Beten wir darum, dass Sie in Dankbarkeit und Ehrerbietung an ihn denken können und seine bleibende Botschaft für Ihr Leben bewahren.

Vielleicht lautet die Botschaft seines Lebens: Das Leben braucht Bejahung, braucht das Beachten und die Wertschätzung so vieler Kleinigkeiten des Alltags. Und: Das, was die Menschen innerlich miteinander verbindet, ist wichtiger als das Äußere. Und: Die Liebe, die wir einander schenken, trägt uns über die Abgründe der Vergänglichkeit. Amen.

BEERDIGUNG EINES KINDES, DAS BEI DER GEBURT STARB

Evangelium Lk 7,11–14 (Der Jüngling von Naïn)

Verehrte trauernde Eltern, liebe Schwestern und Brüder!
Eine Mutter geht hinter dem Sarg ihres Kindes her, so hörten wir im Evangelium. Auch unbeteiligte Menschen sind von einer solchen Szene berührt. Ein verstorbenes Kind ist der Widerspruch zum Leben schlechthin.

Auch heute stehen Eltern am Sarg ihres Kindes und nehmen Abschied von ihm. Das Leben, das sie zur Welt gebracht haben, hat sie wieder verlassen.

Kinder sind ein Symbol für Lebenssehnsucht, für Lebensentfaltung, für Zukunftsoptimismus schlechthin. Kinder laden uns ein, das Leben zu bejahen, das Leben zu spüren mit allen Sinnen, mit Neugier und Entdeckerfreude die Rätsel und Geheimnisse des Daseins zu ergründen.

Wir spüren, wie ein Kind auch in uns die zarten, verletzbaren Gefühle zum Leben ruft, wie wir selber in gewisser Weise neue Menschen werden durch die Lebendigkeit eines Kindes, durch sein hoffnungsvolles Zugehen auf die Welt. Wir spüren, dass es uns seelisch an der Hand nimmt und uns die Augen öffnet für die kleinen Wunder dieser Welt. Es nimmt uns an der Hand und lässt uns manche vergessenen Seiten im Leben ganz neu entdecken. Es nimmt uns an der Hand und führt uns auch zurück in unsere eigene Kindheit und lässt uns dem Gang unseres eigenen Lebens noch einmal neu nachspüren, lässt uns vieles, was wir verdrängt oder vergessen haben, anschauen und zulassen und bejahen.

Es hilft uns, mit unserer eigenen Lebensgeschichte eins zu werden und der kindlichen Lebendigkeit in uns Raum zu geben. Ein verstorbenes Kind aber berührt in unserer Seele auch das Verkümmerte, vielleicht sogar Abgestorbene in unserer eigenen Kindheitsgeschichte; es führt uns heran an Schmerzen und an Wehmutserfahrungen, bei denen wir uns angewöhnt haben, wegzuschauen. Auch deshalb geht uns der Tod eines Kindes so sehr zu Herzen.

Kinder sind für uns als Christen gleichzeitig wichtige Offenbarer Gottes, die Begleiter unserer seelischen Reifung. Umso schmerzhafter und grausamer ist es, wenn ein solches Leben abgebrochen wird, durch eine Krankheit, von der wir nichts verstehen, durch ein Ereignis, das äußerlich in dieser Welt vorkommen kann, das aber völlig im Widerspruch steht zu unserem inneren menschlichen Fühlen, zu unserer Sehnsucht, zu unserer Hoffnung, zu dem, was uns verbindet mit so einem kleinen Wesen.

Es gibt keinen Trost in irgendeiner Weltanschauung für dieses Ereignis, für diesen Schmerz. Wir glauben daran, dass auch dieses Leben bewahrt bleibt und dass wir uns einst wiedersehen und dass uns ein Kind, das gestorben ist, durch unser Leben hindurch begleiten wird.

Vielleicht können wir an einen Gott glauben, der sich selber den Gesetzen dieser Welt ausgeliefert hat, die auch für Jesus Christus tödlich waren, sodass wir in diesem Gott einen Wegbegleiter entdecken, einen, der uns Kraft und Trost geben will, der uns an der Hand nimmt und wieder zur rechten Zeit neue Lebensbejahung ermöglichen will. Amen.

BEERDIGUNG EINER 60-JÄHRIGEN FRAU, DIE AN KREBS STARB

Lesung Apg 17,22a.24–28a („In ihm leben wir, bewegen wir uns und sind wir“)

Verehrte trauernde Angehörige, liebe Schwestern und Brüder!
Im Alltag meinen wir oft, das Leben und die Welt seien erklärt, man wisse, wie die Welt funktioniert, wie das Leben zu planen und zu gestalten sei. Aber wenn wir auf einzelne Lebensschicksale hinblicken, wenn wir auf das Schicksal eines krebskranken Menschen hinschauen, dann merken wir plötzlich, wie viele Fragen wir noch haben, wie viele unbeantwortete Fragen unser Herz, unser Denken erschüttern und wie wir vergebens um eine Antwort ringen.

Es ist nicht leicht, mit solchen fundamentalen offenen Fragen zu leben, den Schattenseiten des Lebens ins Angesicht zu schauen. Oft suchen wir vergeblich nach dem, was uns hilft, das Leben zu bejahen, nach dem, was uns die Kraft gibt, Verantwortung zu übernehmen. Die Sehnsucht, das Leben lieben zu können, greift plötzlich ins Leere.

Wenn wir über die Entwicklung der Medizin nachdenken, über diesen Kampf der Menschheit gegen die Krankheit, dann wird uns bewusst, dass Krankheiten früher noch viel häufiger tödlich waren: Vor rund 100 Jahren war fast jede Blinddarmentzündung tödlich, heute ist es selbstverständlich, dass man helfen kann. Aber sind die Erfolge der heutigen Medizin Trost für jene, die damals gestorben sind?

Ist die Hoffnung, dass einst vielleicht auch der Krebs besiegt werden kann, Trost für das Lebensschicksal eines heutigen Krebskranken oder für die Angehörigen unserer verstorbenen Frau N. N.? Wohl kaum.

Wir sehen jeden Menschen in seiner Einmaligkeit, jeder Mensch sucht nach dem Sinn seines Lebens, nach der Entfaltung seiner Kräfte und Talente, die ihm gegeben sind, nach der Originalität seines Wesens. Die Krankheit reißt einem alles aus der Hand. Das Sterben, das jedem Menschen bevorsteht, bedeutet ja das Loslassen in einer radikalen Form, wie wir es sonst nirgends kennen.

Tödliche Krankheiten und Sterbenmüssen, das sind die Erfahrungen, dass der Mensch das Letzte und das Entscheidende nicht festhalten kann. Wie vieles versuchen wir im Leben aufzubauen, wie viele Sorgen, wie viel Phantasie, wie viel Energie, wie viel Arbeit investiert der Mensch, um aus seinem Leben etwas zu machen, um etwas bei seinen Mitmenschen zu gelten, um mit anderen Menschen in Beziehung treten zu können, sodass Wertschätzung, Freundschaft und Vertrauen wachsen können.

Es ist nicht selbstverständlich, dass es uns gelingt zu unterscheiden, was das Bleibende ist in unserem Leben und was hinfällig und vergänglich ist. Denn was bleibt über den Tod hinaus? Was hält uns weiterhin innerlich miteinander verbunden? Was werden wir nicht vergessen, nicht in unseren Gedanken und noch weniger in unseren Herzen? Ich glaube, dass vieles, was Menschen an Energie, an Lebenskraft investieren, diese Sehnsucht, ja diesen Hunger widerspiegelt, nicht vergessen zu werden, diesen Hunger danach, nicht einfach zu verfallen und zu verschwinden, diesen Hunger danach, nicht ins Nichts zu versinken, nicht einfach wie auswechselbar, wie überflüssig zu erscheinen.

Manchmal bekommen wir den Eindruck, nicht nur der Mensch hat diesen Hunger danach, nicht nur da zu sein, sondern wahrgenommen zu werden und bejaht zu sein. Ist es die Sehnsucht nach Liebe in allen Geschöpfen? Und ist dies ein Hinweis, dass dieser Hunger nach Lebensbejahung nicht nur abhängig ist von Menschen, sondern dass es eine Quelle der Lebensbejahung gibt jenseits aller menschlichen Möglichkeiten, dass es eine Lebensbejahung gibt auch über den Tod hinaus? Und dass diese Kraft der Lebensbejahung, die wir Gott nennen, uns trägt und hält und uns innerlich begleitet, auch über die Abgründe der Vergänglichkeit hinweg?

Ich erfahre immer wieder von Personen, die einen lieben Mitmenschen verloren haben, dass sie diesen Verstorbenen weiterhin hereingenommen haben in ihr Leben. Und dass die Verstorbenen, deren Weggehen dazu zwingt, einen dunklen Weg der Trauer zu durchschreiten, später helfen, nicht nach rückwärts fixiert auf den Tod und auf das Abschiednehmen hinzustarren, sondern dass sie einladen, nach der Zeit der Trauer nach vorne zu schauen, auf die Entfaltungsmöglichkeiten der Zukunft. Die Verstorbenen laden ein, das Leben anzunehmen und zu bejahen und die Zukunft zu wagen. Und sie begleiten uns dabei mit ihrem Segen und mit ihrem Wohlwollen.

Je wertvoller menschliche Beziehungen waren, desto tiefer ist der Schmerz der Trennung. Aber im Abschiednehmen bleibt dadurch ein Wissen um die Werthaftigkeit des Lebens. Die Verstorbenen, so sagt unser Glaube, sind bei Gott; mit Gott sind sie mit uns und mit dieser Welt verbunden. Sie sind nicht einfach weggegangen und verschwunden. Weil sie in Gott geborgen sind, können sie auch bleibend in unseren Herzen geborgen sein und uns zu einem dankbaren und empfindsamen Umgang mit unserem Leben und mit unseren menschlichen Beziehungen führen. Amen.

BEERDIGUNG EINES 81-JÄHRIGEN MANNES (SCHULREKTOR A. D.)

Evangelium Mt 10,42–45a („Wer bei euch groß sein will")

Verehrte trauernde Angehörige, liebe Schwestern und Brüder!
Wer bei euch groß sein will, sagt Jesus, der sei Diener, der diene der Gemeinschaft, und wir wissen, Gemeinschaft im christlichen Sinne ist dort erlebbar, wo Menschen in gegenseitiger Wertschätzung, in gegenseitigem Vertrauen zueinander wachsen, wo das, was zwischen den Menschen fließt, frei macht von der Angst, beurteilt, bewertet, eingestuft zu werden, wo der Mensch mit seinem Wesen sich selber wahrnehmen und sich zeigen kann und merkt, dass er geachtet wird.

Das ist unser Glaube, dass Gott dort lebendig ist, wo wir Menschen innerlich miteinander verbunden sind, dass es Gott selber ist, der uns innerlich miteinander verbindet. Und dieser Glaube lädt uns ein, den Menschen ehrlicher, offener, herzlicher und vertrauensvoller zu begegnen, damit wir die Angst voreinander verlieren: die Angst, nur einsam und sinnlos zu sein, die Angst vor dem bewertenden und abwertenden Denken und Reden der Mitmenschen.

Dann werden wir den Weg zu uns selber finden und wir werden anderen beistehen auf ihrem Weg zu sich selbst. Wir werden unsere Originalität entdecken und die Originalität anderer achten können. Je mehr wir die Unterschiedlichkeit der Menschen erkennen und achten, desto stärker können wir gesunde innere Verbundenheit und gegenseitige Anteilnahme entwickeln. Und wir werden entdecken, dass das, was die Menschen innerlich miteinander verbindet, wichtiger ist als das, was sie äußerlich voneinander trennt.

Die tiefe Verbundenheit mit anderen Menschen lässt in uns die Ahnung wachsen, dass diese seelische Wirklichkeit die Vergänglichkeit überdauert; dass dort, wo wahre Beziehungen des Vertrauens, der Solidarität, des Mitgefühls, der Wertschätzung gewachsen sind, der Tod diese Wirklichkeit nicht hinwegnehmen kann; dass wir auch über die Schwelle des Todes hinweg mit dem Verstorbenen in Dankbarkeit und in Wertschätzung verbunden bleiben.

Wo wahre Gemeinschaft wächst, spürt der Mensch, dass sein Wesen auch hineinfließt in die Herzen und in das Denken seiner

Mitmenschen. Er ist sozusagen vernetzt, er existiert nicht mehr nur in seiner eigenen Haut, sondern sein Leben, seine Liebe, seine Lebensenergie, seine Kreativität haben durch die Wertschätzung und durch das Vertrauen seiner Mitmenschen in ihnen selber ein Stück Wohnung genommen und bleiben in ihnen weiter lebendig.

Ich denke, dies ist es, was wir als Christen im Gottesdienst feiern, und das ist es, was wir auch feiern bei einem Beerdigungsgottesdienst: hinzuschauen, wie sich der Verstorbene mit seinem Leben in das Denken, in das Fühlen, in die Herzen von Mitmenschen vernetzt hat. Das ist es, was wir heute besonders bedenken, wenn wir an Herrn N. N. denken, einen Menschen, der in besonderer Weise menschlichen Gemeinschaften gedient hat. Schüler oder Lehrer, für die er Rektor war, konnten in seiner Nähe zu sich selber finden, sich entfalten, wussten sich ernst genommen, erlebten sich mit ihren Talenten geachtet, wahrgenommen und gefördert.

Im Leben unseres Verstorbenen wurde eine besondere geistige Haltung sichtbar, wenn wir bedenken, dass er das Angebot, zur Position eines Schulrates aufzusteigen, abgelehnt hat. Und dies, weil er glaubte, Schwierigkeiten zu haben, andere Menschen zu beurteilen. Er war so sehr in seinem Leben darauf ausgerichtet, zu fördern, zu ermutigen, zu stützen und Raum zu geben, dass diese andere Aufgabe, Beurteilungen auszusprechen, auf das Negative hinweisen zu müssen, für ihn eine nicht akzeptable schmerzhafte Arbeit gewesen wäre.

Er hatte offensichtlich eine besondere Begabung für die seelisch-geistige Hebammenkunst: das in Menschen wahrzunehmen, was zur Welt kommen will, das zu sehen, was in Menschen an unentfalteter Lebendigkeit schlummert, was sich entfalten will; genau dies zu fördern und ihm Raum zu geben und es hervorzulocken. Menschen zu ermutigen, ihre Talente zu erkennen und sie für sich und die Gemeinschaft einzusetzen, war ihm sehr wichtig.

Es geht hier um eine zentrale Dimension der Botschaft Jesu, der gesagt hat: Ich bin nicht gekommen zu urteilen, sondern zu retten, zu heilen und zu ermutigen. Das Leben unseres Verstorbenen ist eine Einladung an uns alle, barmherziger, einfühlsamer und vorurteilsfreier mit dem Leben umzugehen; in unseren menschlichen Gemeinschaften einander mehr Mut zu machen zum Leben, zum Leben vor allem auch füreinander in einer kreativen und schöpferischen Weise. Ich glaube, diese wichtige Frohbotschaft hinterlässt uns unser verstorbener Bruder N. N. Amen.

BEERDIGUNG EINES 50-JÄHRIGEN MANNES (STEINMETZ)

Lesung Ez 37,12b–14 („Ich öffne eure Gräber“)

Verehrte trauernde Angehörige, liebe Schwestern und Brüder!
Unser Mitbruder, Herr N. N., hat vielen Menschen in unserem Dorf ein Denkmal gebaut. Denkmäler sind Anstöße zu denken, einen anderen Menschen nicht zu vergessen; z. B. die Denkmäler auf dem Friedhof, damit die Lebenden die Verstorbenen in Erinnerung behalten; und der Stein ist das richtige Material dafür.

Der Stein symbolisiert das Bleibende, das Beständige, das Treue, das Unverwüstliche. Aber nicht nur Steine sind Denkmäler. Für uns sind vor allem die Menschen selber mit ihrem Leben Denkmäler und deswegen sind wir auch eingeladen, bei einer Begräbnisfeier hinzuschauen, hinzuhorchen, hinzuspüren auf das Denkmal des verstorbenen Steinmetzen. Der Steinmetz weiß vielleicht mehr als Menschen aus manch anderen Berufsbereichen, dass das Leben harte, aber auch weiche, ja zarte Seiten hat. Wer dem Stein seine Schönheit, die noch verborgen ist, entlocken will, wer schöne Formen aus ihm herausarbeiten will, der braucht eine weiche Seele, der braucht Einfühlsamkeit für das Material und Einfühlsamkeit für das Leben.

Ich habe es mir einmal ein wenig erklären lassen von unserem verstorbenen N. N. Der Steinmetz hat keineswegs immer das Material von vornherein im Griff. Es kann eine ungünstige Ader aus dem Stein hervortreten, oder eine unvorhergesehene Brüchigkeit kann das Werk vieler Stunden, ja Tage zunichtemachen. Es ist ein aufmerksames und einfühlsames Arbeiten notwendig.

Das Harte im Leben braucht umso mehr Empfindsamkeit und Weichheit. Und N. N. wusste wohl in vielen Situationen des Lebens, wie sehr diese großen Gegensätze nicht nur die Arbeitswelt, sondern auch die seelische Welt, nicht nur die Wirklichkeit des Materials, sondern auch die Wirklichkeit des Menschen durchziehen.

Am Stein zu arbeiten, bedeutet, seine eigene Seele zum Ausdruck zu bringen, bedeutet, hinzuhorchen auf das, was in einem selber lebendig ist; es ist ein ständiges Wahrnehmen und Erspüren dessen, was die eigene Seele prägt und was die eigene Seele mit dieser Welt und vor allem auch mit den Grenzfragen dieser Welt, mit dem Tod und dem, was darüber hinaus ist, verbindet. Denn Grabsteine, diese Denkmäler auf dem Friedhof, sind ja Symbole für diese Brücke, die Brücke zwischen Lebenden und Toten. Grabsteine vergegenwärtigen das Leben der Verstorbenen und machen das Leben der noch Lebenden lebendig.

„Bedenke, Mensch, dass du sterben musst, damit du klug wirst", das ist diese Erfahrung der Grenze, das ist diese Erfahrung am Grabstein, dass der Mensch eine andere Lebendigkeit bekommt, wenn er die Grenze wahrnimmt, wenn er die Brücke sieht und wenn er über die Brücke hinweg Beziehung aufrechterhält, die Beziehung lebt – nicht nur mit dem Grabstein einen Grenzstein setzt zwischen dieser Welt und jener Welt.

Der glaubende Mensch ist immer ein Grenzgänger, der glaubende Mensch versteht das Leben nicht nur innerhalb der von Menschen oder auch von der Natur gesetzten Grenzen. Der Mensch sucht immer an die Grenze heranzugehen und über die Grenze hinüber zu fühlen, zu denken und zu spüren. Grabsteine sind Denkmäler, die sagen: „Denk mal, du Mensch." Unser Friedhof mit seinen vielen Grabsteinen trägt die Inschriften so vieler, die aus diesem Dorf verstorben sind; aber für die Angehörigen unseres heute zu Grabe zu tragenden N. N. wird der Friedhof wohl mit ganz neuen Augen zu sehen sein.

Denn wie wir alle wissen: An vielen Grabsteinen steht sein Name zusätzlich geschrieben, ist seine Seele zusätzlich mit zum Ausdruck gebracht, sein Leben, sein Denken, seine Phantasie, seine Kreativität, seine Gläubigkeit, sein Ringen um das Beständige im Leben. Vielleicht war es seine Sehnsucht, in der Weichheit der Seele das Bleibende, das Beständige zu finden, am Beständigen zu arbeiten. Vielleicht war dies die Energie, die ihn zu diesem Beruf gebracht hat.

Die Stadt hat ihm ein Denkmal gesetzt, indem sie die Straße zu ihm Steinmetzweg nannte. Unser Friedhof ist wohl ein vielfältiger Steinmetzweg geworden, und wir glauben, dass der Steinmetzweg, den wir heute miteinander gehen, letztlich zu Gott führt, dass ER ihm einen Weg offen hält, dass ER ihm ein Denkmal gesetzt hat, dass ER das Weiche und das Harte in seinem Leben in die rechte Ordnung, in die rechte Harmonie fügt. Amen.

BEERDIGUNG EINER 70-JÄHRIGEN FRAU, DIE DURCH SUIZID AUS DEM LEBEN SCHIED

Evangelium Mt 14,22–32 (Jesu Gang auf dem Wasser)

Liebe trauernde Angehörige, liebe Schwestern und Brüder!
Der Tod eines lieben Mitmenschen erschüttert uns immer. Wir wissen, dass der Tod ein radikaler und bedingungsloser Abbruch der bisherigen Möglichkeiten ist, in dieser Welt sich auszudrücken, lebendigen Austausch miteinander zu haben, sich gegenseitig zu sehen und zu spüren. Und oft erleben Angehörige auch Schuldgefühle, sodass sie sich fragen, wenn jemand stirbt: „Hätten wir noch dieses oder jenes machen können, damit er nicht gestorben wäre?"

Aber all diese Ängste sind letztlich nicht hilfreich und gehen in die falsche Richtung. Wenn jemand freiwillig aus dem Leben scheidet, kann man diese Entscheidung, wie bei so vielen anderen Entscheidungen von Menschen, von außen her keineswegs immer bis in die letzten Fasern möglicher Beeinflussungen verstehen.

Und dennoch sind Schritte des Verstehens bei Ereignissen, die uns erschüttern, wichtig. Denn wir wissen als Christen: „Verstehen" bei menschlichen Dingen bedeutet immer, dass man zu einer tieferen Achtung findet vor dem Leben und vor den Entscheidungen des anderen und dass wir selber achtungsvoller mit unserem Leben und achtungsvoller miteinander umzugehen lernen.

Der Glaube sagt uns, dass wir Frau N. N. Gott anvertrauen dürfen; in seiner Barmherzigkeit, in seiner allumfassenden Güte wird sie den Frieden finden, den sie gesucht hat. Sie wird diesen Frieden aber vor allem auch dadurch finden, dass Angehörige und Freunde ihre Entscheidung und ihren Weg achten und ihn nicht anmaßend und urteilend zu bewerten versuchen; dass sie die Verstorbene respektieren als einen erwachsenen und eigenverantwortlichen Menschen, der eine Entscheidung getroffen hat. Es gilt, Frau N. N. aber auch als einen leidenden Menschen zu achten, mit seinem Lebensschicksal und seinen Verstrickungen, die wie bei den allermeisten Menschen nach außen hin für andere nicht sichtbar sind.

Die Verstrickungen unserer Seele liegen häufig tiefer als das, was in das Bewusstsein der Gemeinschaft oder in das Bewusstsein auch oft des betroffenen Menschen selbst aufsteigen kann, sodass manchmal die Kräfte und die Bewegungen des Herzens anders sind als die Kräfte und Möglichkeiten des Denkens. Aber wir wissen, wenn jemand auf diese Weise stirbt, hat er innerlich eine große Enge; wodurch sie entstanden sein mag, liegt vielfach außerhalb unseres Begreifens.

Ich glaube, wir alle müssen lernen, Krankheit und Heilung umfassend zu verstehen. Es ist etwas, was sowohl in unseren Körper als auch in unsere Psyche und tief in alle Bereiche unserer Lebensgeschichte hineinverwoben sein kann.

Auch hier gilt es, nicht kurzsichtig und kurzsinnig nach Schuldigen zu suchen, auch hier gilt es zu erkennen, dass wir alle hineinverwoben sind in Muster des Denkens und des Lebensstils, die auch ein Stück Änderung, Verwandlung und Neuwerdung erfordern. Wir alle sind Lernende, aber lernen können wir nur, wenn wir Achtung bewahren voreinander.

Für die Angehörigen ist es besonders wichtig, auch in einen solchen Tod einzuwilligen, die Verstorbene in einer Haltung innerer Achtung zu verabschieden, ihren Tod zu respektieren, indem wir sie voll Vertrauen der Mutter Erde zurückgeben und sie in der Welt unseres himmlischen Vaters geborgen wissen.

So lasst uns gemeinsam als glaubende Menschen unsere Schwester N. N. zu Grabe tragen. Amen.

BEERDIGUNG EINES 35-JÄHRIGEN MANNES, DER LANGE ZEIT KRANK GEWESEN WAR

Evangelium Lk 2,22–32 („Nun lässt du, Herr, deinen Knecht in Frieden scheiden“)

Verehrte trauernde Angehörige, liebe Schwestern und Brüder!
Wenn man das Leben eines Menschen, der mit 35 Jahren stirbt, ansieht, dann ist das so ähnlich, wie wenn die Jahreszeit von Juni oder Juli plötzlich auf den November springt.

Wir sind so harte Übergänge nicht gewohnt und wir spüren, dass es den Gesetzen der menschlichen Reifung zuwiderläuft. Wir möchten gerne die Übergänge haben, dass ein Mensch Zeit bekommt zum Loslassen und Zeit bekommt, zuerst die Entfaltung seiner Fähigkeiten und Talente in einer reichen Weise sichtbar zu machen, zu genießen und fruchtbar werden zu lassen auch für andere und erst dann langsam Abschied zu nehmen.

Und was das Loslassen bedeutet, das spiegelt uns gerade in dieser Jahreszeit die Natur wider, wenn die Bäume ihre Blätter verlieren, wenn die Felder abgeerntet sind, wenn die Nächte länger werden und der Nebel oft düster über der Landschaft hängt.

In dieser Zeit wendet sich nicht nur die Energie der Natur nach innen – sichtbar z. B. im Leben der Bäume; auch die Aufmerksamkeit des Menschen, auch seine seelischen Kräfte wenden sich nach innen. Gerade diese Zeit lädt uns in besonderer Weise ein, besinnlicher zu werden, Leben in seiner Entfaltungskraft, aber auch in seinem Loslassenmüssen zu bedenken.

Lebensgesetze der Natur sind Lebensgesetze auch des Menschen. Aber sie haben im menschlichen Denken und Fühlen eine neue, zusätzliche Qualität, weil wir Menschen miteinander verbunden sind in einer bewussten Weise, weil wir spüren, wie sich Beziehungen entfalten und wachsen, wie Freundschaften sich bilden und in unserem Herzen, in unserem Selbstverständnis und unserem Selbstbewusstsein eine Lebenssicht sich entwickelt, die mit Bejahung, mit Lebenssehnsucht und mit dem Bedürfnis dazuzugehören zusammenhängt.

Unser Verstorbener wusste, dass er kein langes Leben vor sich haben wird, er wusste das schon sehr früh in seinem Leben. Wir können uns in das Fühlen und Denken eines solchen Menschen wohl nur schwer hineinversetzen.

Er war bekannt als ein fröhlicher und geselliger Mensch, der sich mit dem Wissen um einen frühen Tod nicht zurückgezogen hat, nicht griesgrämig und nicht depressiv wurde, sondern der am Leben rege teilnahm und die Zeit seines Lebens vielfältig zu nutzen und zu gestalten wusste.

Die, die ihn näher kannten, erinnern sich, dass er sehr freigiebig und hilfsbereit war. Wir wissen nicht, was in der Seele eines Menschen abläuft, der wegen einer frühen Krankheit Schwierigkeiten hat, die Fülle des Lebens wirklich zu genießen und auf eine unbeschwerte Lebenserwartung hinzusteuern, wie das sonst im Leben üblich ist.

Als Christen blicken wir vor allem auf das Schöne und Wertvolle im Leben eines Menschen, auf das Bereichernde, auf das, was er an Originalität in diese Welt hereingebracht hat. Wir blicken auf das, was er anderen Menschen an Freigiebigkeit, an Freundlichkeit, an Mitwirkung für gute Stimmung unter den Menschen geschenkt hat. Wir blicken darauf und sind dankbar, wir blicken darauf und haben Achtung und Ehrfurcht, wir blicken darauf und vertrauen Herrn N. N. dem Urheber des Lebens, Gott, an, bei dem er die Erfüllung seiner Sehnsüchte, die Erfüllung und Vollendung seiner Lebenskräfte finden wird.

Wir blicken im Glauben auf die letzten Dinge des Lebens und auf die letzten und tiefsten Kräfte der Seele und wissen uns weiterhin mit unserem Verstorbenen verbunden. Amen.

BEERDIGUNG EINES 70-JÄHRIGEN MANNES (BESTATTER)

Evangelium Lk 23,44.46; 24,1–5 („Was sucht ihr den Lebenden bei den Toten?“)

Verehrte trauernde Angehörige, liebe Schwestern und Brüder!
Ein Jahr geht zu Ende, ein Frühling, ein Sommer, ein Herbst sind vorbei. Der Winter ist gekommen, so vieles in der Natur ist abgestorben, so vieles schlummert, ist für unsere Augen unsichtbar geworden. Kälte und lange dunkle Nächte bestimmen die Zeit. Leere Felder, entlaubte dunkle Bäume prägen das Bild dieser Tage. Die Vielfalt und Schönheit des Lebens hat sich zurückgezogen, ist wie abgestorben. Wo sind die Farben der Blumen, wo ist die Vielfalt eines kräftigen hellen Grüns? Rückzug und Sterben kennzeichnet die Natur in dieser Zeit.

Ist es das Ende des Lebens? In wenigen Monaten bricht aus allen Ecken und Furchen das Leben mit neuer Kraft hervor. Ist das Dasein des Menschen ein Leben zum Sterben, oder ist das Sterben ein Weg zu höherem, umfassenderem Leben?

Unser Verstorbener, Herr N. N., war Jahre seines Lebens ganz eng mit dem Sterben verbunden. Wie viele verstorbene Menschen hat er vorbereitet zum Begräbnis, wie viele hat er begleitet auf dem letzten Weg, wie viele Öffnungen der Erde hat er ausgehoben und hat das Hineingleitenlassen des Sarges miterlebt – wohl noch das Gesicht und den Körper des Verstorbenen klar vor Augen. Er wusste, was es mit dem Sterben, mit dem Totsein eines menschlichen Körpers auf sich hat; er wusste um die Schmerzen der Angehörigen der Verstorbenen, um die Trauer, um die Schockerfahrungen, um Leidenssituationen, um die Erfahrungen seelischer Lähmung durch ein überraschendes Ereignis des Todes.

Es ist nicht leicht, bei so vielen Erfahrungen dieser Art innerlich noch seelisch lebendig und wahrnehmungsfähig zu bleiben. Herr N. N. ist es geblieben. Aber es war nicht nur eine Aufgabe, die er für andere Menschen zu leisten hatte. Er selbst hat Leiden und Tod in seiner eigenen Familie besonders schmerzhaft erfahren, als seine erste Frau bei der Geburt des zweiten Kindes verstorben ist und als er sein drittes Kind, seinen Sohn N. N., zu Grabe tragen musste.

Er leistete seinen Beruf nicht nur als etwas Äußeres, er lebte seine Aufgabe wahrhaftig als lebendiger Mensch mit Leib und Seele. Er war verbunden mit ihr, er war verbunden mit den Menschen, er war verbunden mit den Verstorbenen. Er hat seine einfühlsame und liebevolle Art keineswegs verloren; im Gegenteil, er wurde empfindsamer und hat das eigene Leid und das eigene Kranksein bei mehr als zehn Operationen, die er durchzustehen hatte, nicht als einen Grund der Resignation, als einen Grund zur Verzweiflung empfunden. Bis in seine letzten Lebenstage war er voll Hoffnung. Er hatte eine ungewöhnlich starke Seele, eine Seele des Mutes, des Vertrauens, der Gottergebenheit, er glaubte bis zuletzt an das Leben.

Sie wissen, dass eines seiner Hobbys die Brieftauben waren. Die Taube ist ein Symbol des Geistes Gottes in unserem Glauben. Die Tauben sind auch in alten Religionen und Kulturen Sendboten des Himmels, Mittler einer anderen Welt, Botschafter der göttlichen Welt. Vielleicht hat ihn dabei die Ahnung bewegt, dass das Leben nicht nur mit dem Schweren, mit dem Erdhaften zu tun hat, mit dem er selber ständig beschäftigt war, sondern dass das Leben auch mit dem Leichten, mit dem Erhabenen, mit dem großen Horizont zu tun hat, den uns die Vögel, den uns die Tauben in unserem eigenen Denken und Fühlen bewusst machen können.

Vielleicht helfen ihm die Augen und die Gefühle seiner Tauben, den Glauben daran, dass es einen größeren Horizont, den Horizont Gottes gibt, jetzt als Wirklichkeit zu erfahren.

Und vielleicht kann unser Verstorbener Ihnen, verehrte trauernde Angehörige, etwas von seinem Horizont, von seinem Glauben und von seinem Wissen vom Leben weitergeben, sodass Sie die Wahrheit des heutigen Evangeliums erfahren dürfen, wo es heißt: „Was sucht ihr den Lebenden bei den Toten?“

Wusste er, der so viel mit den Toten zu tun hatte, der so viel mit ihren Gräbern, also mit diesen festen geographischen Orientierungspunkten zu tun hatte, wusste er, dass diese Gräber nicht die einzige und nicht die entscheidende Wahrheit über unsere Verstorbenen enthalten? Dass der Ort und die Kreuze und die Namen und die Geburts- und Sterbedaten an den Gräbern alleine nicht der Bezugspunkt unserer Beziehung zu unseren Verstorbenen sind? Vielleicht sind die Tauben, vielleicht sind die Symbole für den Geist Gottes eine größere Wahrheit, vielleicht können sie uns den Weg zeigen, der uns fähig macht, zu spüren und zu wissen: „Was sucht ihr den, der lebt, bei den Toten?“ Amen.

BEERDIGUNG EINES 83-JÄHRIGEN NATURVERBUNDENEN MANNES

Lesung Ps 104,1–24 (Loblied auf den Schöpfer)

Verehrte Angehörige, liebe Schwestern und Brüder!
Jeder Mensch ist mit seinem Dasein ein kleines Wesen in der Größe und Vielfalt der Schöpfung, aber er ist auch zu vergleichen mit einer weiten, vielfältigen Landschaft. Es gibt so viel an Auf und Ab, an Weite und Enge, an Entfaltung und an Ängstlichkeit, es gibt eine so große Vielfalt der Gefühle, der Gedanken – die Welt um uns her, die wir in uns aufnehmen. Und so existiert sie noch einmal in einer neuen Weise in uns selber. Jeder Mensch ist durch sein Bewusstsein und durch sein Suchen danach, wie er zu dieser Welt dazugehört und wie er diese Welt bejahen will und kann, gleichzeitig noch einmal eine neue Schöpfung des Ganzen.

In jedem Bewusstsein eines Menschen spiegelt sich die Welt in einzigartiger Weise noch einmal neu. Und so ist es beim Abschiednehmen von einem Menschen wichtig, hinzuspüren auf seine Seele, auf das, was ihn bewegt und erschüttert hat, auf das, was ihm besonders lieb und teuer war, und andererseits bedenken wir einfach die Lebensdaten, die den äußeren Rahmen darstellen für den Lebensweg, den er zu gehen hatte.

Lassen Sie mich diese äußeren Daten kurz schildern:

N. N. wurde geboren am 26. November des Jahres 1920 in Dresden als das jüngste von drei Kindern. Seine beiden Schwestern sind schon vor ihm verstorben.

Er lernte Elektriker. Als er 19 Jahre alt war, begann der Zweite Weltkrieg. Er wurde als Flugzeugelektriker beim Bodenpersonal auf Militärflughäfen eingesetzt. Nach dem Krieg und nach der Gefangenschaft kam er 1946 in unsere Gemeinde, wo er seine Ehefrau kennenlernte. Die beiden heirateten 1948; der Ehe entstammen vier Töchter. Er war in der Verwandtschaft als liebevoller Ehemann und Vater bekannt. Später war er auch für seine sechs Enkelkinder und für seine elf Urenkelkinder ein beliebter seelischer Mittelpunkt in der Großfamilie.

Nach langer, schwerer Krankheit, die er mit großer Geduld ertrug, verstarb er am Allerseelentag in den frühen Morgenstunden.

Wenn wir das Leben eines Verstorbenen bedenken, finden wir auf der Suche nach seiner Seele oft etwas Wesentliches in einem Hobby, das ihm besonders wertvoll war. Früher war Fußballspielen für ihn besonders wichtig. Er war damals nach dem Krieg Gründungsmitglied des jetzigen Vereins. Die unbeschwerte Geselligkeit und Kameradschaft war ihm sehr wertvoll. Und vielleicht ist die Bedeutung dieses Engagements auf dem Hintergrund seiner Erfahrungen während des Krieges noch besser zu verstehen. Wie viele Flugzeuge hat der junge Elektriker im Laufe des Krieges gewartet, aber anschließend vergeblich auf ihre Rückkehr gehofft, und wie viele Kameraden hat er winkend verabschiedet, und sie sind nicht wieder zurückgekehrt. Der Krieg macht aus solchen Gesten im beruflichen Alltag tödlichen, bitteren Ernst, wenn Menschen gegeneinander als Feinde losgeschickt werden.

Vielleicht war das Erleben im Sportverein auch deshalb für ihn so schön, weil er nun erfahren konnte, dass Geselligkeit und Kameradschaft ohne diesen Unterton von Angst und von Feindschaft möglich sind.

Ein anderes Hobby war seine besondere Zuneigung zur Natur. Deswegen habe ich auch die Lesung entsprechend ausgewählt, ein Text, in dem von den Tieren und den Pflanzen, von der Luft und dem Wasser die Rede ist. Denn mit großer Liebe fütterte er im Winter die Vögel in zwei Vogelhäuschen. Auch für die Rehe, die aus dem Wald bis in seinen Garten kamen, baute er eine Futterkrippe, um sie in der kalten Jahreszeit mit Nahrung zu versorgen.

Er verstand es, den Gesang der Vögel nachzuahmen und so mit ihnen in einen Dialog zu treten, mit den Vögeln des Himmels, so wie der heilige Franziskus. Auch von ihm wird Ähnliches berichtet. Wenn wir hinspüren auf das, was einen Menschen in Liebe mit der Natur verbindet, können wir etwas von seiner Seele wahrnehmen. Auch in Zukunft werden seine Kinder, seine Enkelkinder und Urenkel spüren, dass die Liebe, die er ihnen und auch den Tieren und den Pflanzen geschenkt hat, die Liebe, in der er sich verbunden wusste mit der großen Gemeinschaft aller Lebewesen, weiterhin lebendig ist. Denn wir Menschen sind vernetzte Wesen. Dort, wo unsere Liebe, wo unsere Aufmerksamkeit, unsere Zärtlichkeit hinfließen, dort ist auch ein Stück von unserem Wesen, ein Stück von unserer Seele bleibend gegenwärtig.

Und wenn Sie, verehrte trauernde Angehörige, in Zukunft die Vögel an den Vogelhäuschen sehen und die Rehe an der Futterkrippe, dann werden Sie immer auch an Ihren Ehemann, Vater, Großvater und Urgroßvater erinnert werden.

Gott ist Mensch geworden in Jesus Christus und er ist eins geworden mit seiner Schöpfung. Gottes Liebe ist eine Bewegung hin zur Welt, hin zu den Geschöpfen, die er erschaffen hat. Und es ist die Einladung der Menschwerdung auch an uns, Mensch zu werden, indem wir liebevolle Lebensbejahung einander schenken, indem wir Lebensbejahung, liebende Sorge den bedürftigen Menschen und auch den bedürftigen Geschöpfen zukommen lassen.

Menschwerdung, da wird der Mensch wirklich menschlich, wenn er sich verschenkt und wenn er sich verbunden weiß in sorgender Liebe mit der großen Gemeinschaft allen Lebens. Dies erspürend und bedenkend, werden wir erkennen, wenn wir den Verstorbenen heute in die dunkle Erde legen, dass es nur sein Körper ist; aber seine Seele ist dort lebendig, wo Beziehungen des Vertrauens und der Wertschätzung gewachsen sind, sein Leben und seine Seele sind dort lebendig, wohin bisher schon, zu seinen Lebzeiten, seine Aufmerksamkeit, seine Sorge und Liebe geflossen sind. Amen.

BEERDIGUNG EINES 20-JÄHRIGEN

Der junge Mann litt seit Kindertagen an Atembeschwerden, sein Tod kam aber für seine Familie und seine Freunde überraschend.

Evangelium Joh 11,32–36 (Jesus weinte)

Verehrte trauernde Angehörige, liebe Schwestern und Brüder!
„Deine Kinder sind nicht deine Kinder.
Sie sind die Söhne und Töchter der Sehnsucht des Lebens nach sich selbst.
Sie kommen durch dich, aber nicht von dir, und obwohl sie bei dir sind, gehören sie dir nicht.
Du kannst ihnen deine Liebe geben, aber nicht deine Gedanken, denn sie haben ihre eigenen Gedanken.
Du kannst ihrem Körper ein Heim geben, aber nicht ihrer Seele, denn ihre Seele wohnt im Haus von morgen, das du nicht besuchen kannst, nicht einmal in ihren Träumen.
Du kannst versuchen, ihnen gleich zu sein, aber suche nicht, sie dir gleich zu machen.
Denn das Leben geht nicht rückwärts und verweilt nicht beim Gestern.
Du bist der Bogen, von dem deine Kinder als Pfeile ausgeschickt werden.
Lass deine Bogenrundung in der Hand des Schützen Freude bedeuten."

Khalil Gibran

„Lass deine Bogenrundung in der Hand des Schützen Freude bedeuten." So hörten wir in dem Text von Khalil Gibran ein Wort an die Eltern. Die Kinder werden verstanden als Pfeile, die ausgeschickt werden.

Wir wissen, das Leben der Jugend bewegt sich auf eine neue Welt zu, die den Eltern von heute unzugänglich ist, so wie Menschen, die vor 50 Jahren gelebt haben, sich unsere heutige Welt nicht vorstellen konnten.

Es ist die Aufgabe von Eltern, dem Leben, das heranwächst, Raum zu geben. Raum zu geben in der Wohnung, im eigenen Herzen, in der eigenen Gefühlswelt, Raum zu geben in der Welt der Gedanken, in der Welt ihrer Hoffnungen. Raum geben bedeutet Verständnis zeigen und Anteil nehmen an Freuden und Hoffnungen, Sorgen und Ängsten der Heranwachsenden.

Man kann es nicht aufzählen, woran Eltern in ihrer Liebe und Sorge für ihre Kinder alles denken und wie sie sich mühen, angefangen von den vielen kleinen lebenswichtigen Aufgaben bis hin zum Aussuchen und Kaufen der Spielsachen für ein Kleinkind oder das Vorbereiten von Kinderfesten. Eltern ernähren ihre Kinder in jeder Hinsicht: körperlich und materiell, geistig und seelisch; sie geben auch den Tränen und Ideen ihrer Kinder und Heranwachsenden Raum.

Und dies bedeutet, sich selbst ein Stück zurückzunehmen und der Originalität und dem Neuen, das im heranwachsenden Leben sich entfaltet, Raum zu geben. Das ermöglicht Kindern, die Höhen und Tiefen des Lebens ausloten zu lernen und die Höhen und Tiefen der eigenen Seele zu ergründen. In diesem Raum können sie das eigene Ich entdecken und die Weise, wie sie zu dieser Welt dazugehören.

Dieses Raumgeben bedeutet ab einer bestimmten Lebensphase ein immer stärkeres Loslassenmüssen für die Eltern. Wir wissen, das Loslassen ist eine schwierige Aufgabe, wenn Kinder erwachsen werden und das Haus verlassen. Man weiß nicht, ob all die Liebe, die Sorge, die man geschenkt hat, auf guten Boden gefallen sind und Wurzeln schlagen und Früchte bringen werden in der neuen Welt, die die jungen Menschen selbst zu entdecken haben, in einer Welt, die – wie wir schon hörten – die Elterngeneration nicht im Griff hat und planen kann. Die jungen Menschen werden in diese neue Welt hinein entlassen, d. h. der Zukunft anvertraut.

Aber es ist ein härteres, ein schmerzhafteres Loslassen, wenn Eltern erleben müssen, dass ihr Kind so schnell und so abrupt aus dem Leben Abschied nimmt. Denn es gäbe noch so vieles zu entdecken, so vieles könnte noch wachsen und sich entfalten. Die Erwachsenen wissen, wenn sie auf die Jahrzehnte ihres eigenen Lebens zurückschauen, wie vieles man in einer späteren Lebensphase erst wahrgenommen, verstanden und begriffen hat. Wie viele wesentliche Punkte des Lebens hat man später erst entdeckt: Vertrauen und Sicherheit gespürt, erfahren, dass man über die Wogen des Lebens zuversichtlich und mutig gehen kann.

Aber der Lebensdrang der Jugend sucht sich den großen Spannungen und Gegensätzen auszusetzen. Kinder im Alter von acht bis zehn Jahren fragen nach der Grenze des Weltalls, wo die Erde aufhört und wo die Grenze der Zeit ist. In ähnlicher Weise sucht der Jugendliche und der junge Erwachsene die seelischen Kräfte auszuloten, das Leichte und das Schwere, das Weite und das Tiefe der eigenen Gefühle, das Denkbare und Lebbare zu erspüren.

Es berührt uns sehr schmerzhaft, wenn dieses Ausloten, dieses Entdecken der Dimensionen des Lebens, so früh abgebrochen wird. Der Pfeil, der vom Bogen losgelassen wurde – er ist nach unserem menschlichen Ermessen nicht sehr weit geflogen. Er hat sich allzu früh gesenkt, ist zurückgefallen auf die dunkle schwere Erde.

Aber vielleicht fliegt der Pfeil weiter, als wir zu sehen vermögen. Vielleicht fliegt er in eine Dimension, die wir manchmal glauben erahnen zu können, die wir aber nicht zu begreifen, nicht auszuloten vermögen. Er fliegt in eine Dimension, die wir eine göttliche oder eine ewige zu nennen gewohnt sind.

Wir glauben, N. N. wird wiedergeboren: in den Herzen der Menschen, die sein Lachen, seinen Humor, seine Unternehmungslust kannten, seine Sensibilität und Empfindsamkeit für das Seelische. Seine Familie und seine Freunde wussten, wie sehr er sich bemühte und darum kämpfte, die Enge, die die Krankheit in ihm verursachte, nach außen hin zu kompensieren. Die Krankheit ließ ihm wenig Raum zum Atmen; ähnlich ging es ihm vielleicht in manchen Dimensionen seiner Seele. Vielleicht hat er deshalb so sehr auf den äußeren Raum geachtet, d. h. auf eine große Freiheit und Unabhängigkeit.

Wer die wesentlichen Bewegungen seines Lebens und seines Herzens im Nachhinein erkennt, der wird vielleicht zulassen können, dass manches davon im eigenen Herzen etwas zum Schwingen bringen kann, wie wenn manche seelische Energien des Verstorbenen dort wiedergeboren würden.

Und dies weckt in uns das Vertrauen, dass der Pfeil seines Lebens in eine Welt fliegt, in der es Heilung gibt, in eine Welt, von der wir sagen: Im Herzen Gottes und im Herzen der ganzen Schöpfung wirst du nicht sterben. Amen.

BEERDIGUNG EINES 65-JÄHRIGEN ALKOHOLKRANKEN MANNES

Die Geschwister des Verstorbenen konnten vor dessen Tod trotz engagierter Hilfestellung nicht verhindern, dass ihr alleinstehender Bruder an den Rand der Verwahrlosung geriet. Seine gesamte Rente hatte dieser in Alkohol umgesetzt. Manche Bekannten unterstellten seinen Geschwistern zu Unrecht, sich zu wenig um den Bruder gekümmert zu haben. Der Besitz von Schusswaffen des alkoholkranken und deshalb oft unberechenbaren Mannes hatte die Hilfsaktionen der Verwandten immer wieder in extreme Angst- und Stresssituationen verwandelt.

Lesung Jes 49,14–16a („Selbst wenn eine Frau ihr Kind vergessen würde, ich vergesse dich nicht")

Verehrte trauernde Angehörige, liebe Schwestern und Brüder!
Es ist nicht einfach, das Leben unseres verstorbenen Bruders N. N. zu bedenken, der – wie wir feststellen müssen – die Kontrolle über sein Leben weitgehend verloren hatte.

Niemand hat das Recht, das Schicksal eines anderen Menschen zu bewerten. Als Christen versuchen wir, das Leben eines Menschen zu verstehen, auch wenn uns das nie vollständig gelingt. Aber im Bemühen um ein Verstehen werden wir immer wieder Fortschritte machen, und in diesem Voranschreiten tieferen Verstehens bewahren wir die Achtung vor einem Menschen, dessen Verhalten uns vielleicht in manchen Bereichen dunkel, belastend und verschlossen bleibt.

Nur wer sich auch dem Rätselhaften und Dunklen im Leben stellt und das Leben als Ganzes wahrzunehmen versucht, auf Abwertungen und auch auf das Suchen nach Schuldigen verzichtet, der wird dem Geheimnis der Werthaftigkeit des Lebens näher kommen.

Im Bemühen darum, einen Menschen zu verstehen, geht es – in Zeiträumen gesprochen – oft nicht nur um Tage und Wochen, sondern nicht selten um Jahre und Jahrzehnte, und wir werden an der Neige unseres Lebens damit nicht zu Ende sein. Aber die Bereitschaft zu verstehen schafft in uns eine innere Offenheit und ein geistig-seelisches Unterwegssein, das uns wahrhaft menschlich werden lässt. Denn gültiges Menschsein hat nicht so sehr mit Funktionieren gegenüber den üblichen Erwartungen zu tun als vielmehr mit seelisch-geistigem Wachstum, mit einem inneren Unterwegssein, mit einem Suchen und Ringen.

Seelisches Wachstum entfaltet sich im Ja zum Leben als Ganzem und in der Bereitschaft, die verborgenen Ordnungen und Dynamiken des Lebens immer tiefer zu verstehen und sich ihnen in innerer Wachheit und Demut zu fügen.

Auf Beurteilungen und Bewertungen eines Menschenschicksals zu verzichten, bedeutet, sein Leben und seinen Weg weiterhin als geistige Herausforderung und Aufgabe zu begreifen. Die Annahme dieser Aufgabe öffnet für die Angehörigen die Möglichkeit, den Weg der Trauer in rechter Weise zu gehen. Manchmal bringt der Tod eines Menschen, der manche seiner Mitmenschen extrem in Anspruch genommen hatte, eine Befreiung von den aktuellen Belastungen. Diese Entlastung birgt jedoch in sich die Versuchung, den Weg des Abschiednehmens zu verkürzen.

Aber die Achtung vor dem Ganzen eines Lebensschicksals drängt uns, ein Stück auch die vielleicht noch ungelebte Trauer aus seinem Leben wahrzunehmen und mitzutragen.

Auf diese Weise werden beide Seiten beschenkt: die Lebenden mit einem tieferen Verstehen – denn Verstehen ist oft nur durch die Entdeckung der verborgenen Traurigkeiten eines Lebensschicksals möglich und durch das Mitgefühl ihnen gegenüber; der Verstorbene durch ebendieses Mitgefühl, denn es ist der Weg der Versöhnung zwischen Lebenden und Verstorbenen. Dieser Weg schafft Frieden zwischen Diesseits und Jenseits, zwischen Gegenwart und Vergangenheit und öffnet die Wege für eine menschenwürdige Zukunft.

In diesem Wissen und in diesem Vertrauen lasst uns unseren verstorbenen Bruder N. N. der Mutter Erde zurückgeben und der Barmherzigkeit Gottes anvertrauen. Amen.

MATERIALIEN UND IMPULSE FÜR DIE GESTALTUNG VON GOTTESDIENSTEN AN ALLERSEELEN UND AM VOLKSTRAUERTAG

ALLERSEELEN

Meditation

Das nur äußerliche Hinschauen auf einen verstorbenen Menschen ist das Hinschauen auf die erstarrende Wirkung des Todes für den Körper und damit auf die vergängliche Seite unserer Existenz.

Das nur äußere Hinschauen lässt uns selber innerlich erstarren, zieht uns zum Tod hin.

Aber das Hinschauen auf die Seele, auf das, was uns Menschen innerlich miteinander verbindet, löst uns aus der Erstarrung.

Denn die Liebe in der Beziehung fließt weiter, das Verbindende bleibt lebendig.

Deshalb ist es wichtig, innerlich in Kontakt zu treten mit den Verstorbenen.

Verstorbene, die nicht recht verabschiedet worden sind, die nicht losgelassen werden, deren Leben oder Sterben wir noch nicht in rechter Weise achten können, haben eine erstarrende Wirkung für die Lebenden, für die lebensbejahende Kraft ihrer Seelen.

Verstorbene, die losgelassen und geachtet werden, segnen die Lebenden und helfen ihnen zu leben.

Recht gelebte Trauer, recht vollzogener Abschied führt uns zurück zu den eigenen seelischen Wurzeln und mobilisiert ihr Wachstum neu; sie stärkt und verändert unser „In-der-Welt-Sein".

Sie sensibilisiert für die Werthaftigkeit und für den Geschenkcharakter des Daseins.

Sie lässt die bisherigen Aufgaben und Tätigkeiten in einem neuen Licht erscheinen.

Sie weckt die Unterscheidungsfähigkeit für das Wesentliche und Vorrangige in unserem Leben gegenüber Unwesentlichem oder Zweitrangigem.

Die Trauererfahrung lässt die persönliche Einsamkeit tiefer erleben, aber sie lässt auch ein neues Dazugehörigkeitsgefühl wachsen.

So bitten wir Gott um die Kraft, den Weg der Trauer in rechter Weise zu gehen, und um die Verwandlung unserer Beziehung zu unseren Verstorbenen und unserer eigenen Beziehung zum Leben in dieser Welt. Amen.

Weitere Meditationen siehe S. 23–27, 55f.

Fürbitten

Gott, alles Leben hat seinen Ursprung in dir. Vergängliches und Unvergängliches erfüllt unsere Seelen und bewegt unsere Gedanken. Voll Vertrauen beten wir zu dir:

- Lass uns erkennen, dass die Verstorbenen uns voraus sind und nicht unser Mitleid brauchen, sondern unsere Achtung.
- Herr, lass unsere Verstorbenen Helfer und Begleiter für uns sein auf unserem Lebensweg.
- Lass uns aus dem Lebensschicksal unserer Verstorbenen lernen, aus ihren Erfolgen, aber auch aus ihren Niederlagen und Fehlern.
- Wir bitten dich für die Familien, die ein Mitglied schon mit jungen Jahren verloren haben, dass es ihnen gelingt, so mit dem Verstorbenen zu leben, dass sie seine segnende Kraft erfahren.
- Lehre uns Barmherzigkeit gegenüber unseren Verstorbenen, wenn wir durch sie Unrecht, Verletzungen oder unnötige Belastungen erfahren haben. Lass Versöhnung und Frieden werden zwischen Lebenden und Toten.
- Schenke uns Vergebung durch unsere Verstorbenen, wenn wir an ihnen schuldig geworden sind. Lass uns in Frieden leben auch als Gemeinschaft zwischen Lebenden und Toten.
- Wir bitten für die Familien, in denen nach dem Tod eines Ehepartners eine neue Gemeinschaft gegründet wurde, dass sie gemeinsam die verstorbene Person ehren und ihren Segen erfahren.
- Herr, hilf uns, unser Leben von unseren Eltern in Dankbarkeit und Ehrerbietung anzunehmen als Geschenk und Aufgabe von dir, unserem Gott.

Denn du, o Gott, kennst die Schmerzen unserer Seele, du bist nicht fern dem Dunkel unserer Trauer. Lass uns Halt finden in dir. Darum bitten wir durch Christus, dein Antlitz in dieser Welt in Ewigkeit. Amen.

Meditation auf dem Friedhof

Lasst uns unsere Gräber betrachten und ihre verschiedenen Symbole bedenken.

Wir betrachten den Grabstein:

Der Stein ist massiv, ist schwer, ein Symbol der Massivität der Tatsache des Todes, der Schwere des Schicksals der Vergänglichkeit des Menschseins.

Die Inschrift auf vielen Gräbern enthält die zwei wichtigsten Lebensdaten derer, die darin ruhen: das Geburtsdatum und den Todestag. Geburt und Tod, das ist der Rahmen, in den das Leben des Menschen auf dieser Erde eingespannt ist. Das ist der Zeitabschnitt, innerhalb dessen ein Mensch auftaucht auf diesem Planeten Erde und dann in seiner äußeren Gestalt wieder von dieser Erde verschwindet.

Dies ist der Zeitrahmen, den ein Mensch zur Verfügung hatte, sein Leben zu gestalten, zu sprechen, zu handeln, das Leben zu verstehen, zu suchen, das Gute oder aber das Böse in dieser Welt zu vermehren.

Der Stein verkörpert die Unveränderbarkeit der Vergangenheit, die Massivität der Unbeweglichkeit dessen, was gewesen ist. Er fordert auf, sich den Tatsachen eines Lebens zu stellen und es zu achten, so wie es gewesen ist. Es ist ein bleibender Baustein im Lebensstrom der Menschheit.

Wir betrachten das Kreuz:

Auf vielen Gräbern ist ein Kreuz in den Stein eingekerbt oder angebracht.

Die senkrechte Linie weist zum Boden, woher unser körperliches Leben kommt und wohin es geht. Wir sind Kinder dieser Erde.

Diese Linie weist auch nach oben und lädt uns ein, uns auszustrecken nach oben, unseren seelischen Anker in der Ewigkeit Gottes zu werfen, zu erkennen: Wir sind nicht nur Kinder der vergänglichen Erde, wir sind auch Kinder der Ewigkeit, Kinder Gottes.

Der Querbalken lädt uns ein, unsere Arme auszubreiten, uns zu öffnen auf die Welt hin, auf die Mitmenschen hin, um uns mit ihnen solidarisch zu wissen, um zu entdecken, dass wir dazugehören zu dieser ungeheuren und phantastischen Vielfalt der Geschöpfe dieser Erde.

Und das Kreuz erinnert uns an Jesus Christus, der im Erleiden der Ungerechtigkeit und Gefühllosigkeit der Menschen gebetet hat:

„Vater, verzeih ihnen, sie wissen nicht, was sie tun.“ Die große Seele hat gesiegt über die Unmenschlichkeit der Welt, hat gesiegt über die Angst vor Sinnlosigkeit und Tod, hat gesiegt über die Mechanismen der Angstmacherei und der Einschüchterung.

Wir betrachten die schwarze Erde:
Feucht und kühl ist sie, die Erde. Asche alter ausgebrannter Sterne hat sich zusammengeballt zu einem Planeten.

Aber diese Erde birgt das Geheimnis des Lebens, des Lebens der Pflanzen und Tiere, auch des Lebens des Menschen und der Nahrung, die er braucht für sein körperliches Leben.

Aus Erde sind wir geworden und zur Erde kehren wir wieder zurück. Der Glaube sagt uns: Diese Erde ist beseelt vom Atem Gottes, vom Geheimnis des Lebens.

Das Unscheinbare, das Alltägliche ist das Staunenswerteste, ist das Wunderbarste für den, dessen seelische Augen zu sehen gelernt haben. Im Vergänglichen lebt das Unvergängliche. Die Erde ist nicht tot, auch seelisch ist sie nicht tot.

Wir betrachten die Blumen:
Sie spiegeln die Buntheit des Lebens wider, auch die Buntheit der Gefühle in der menschlichen Seele. Sie verkörpern Lebendigkeit und Schönheit.

Und wie so oft, wenn wir Blumen verschenken, sind auch die Blumen am Grab Brücken zwischen den Menschen, Brücken der Liebe und Verbundenheit, Brücken zwischen Lebenden und Toten. Und sie sind ein Ausdruck unseres Glaubens an das Leben und unserer Freude über die Schönheit des Lebens auf dieser Erde.

Wir betrachten das Weihwasser:
Wir gießen die Blumen am Grab mit der Gießkanne und wir begießen unsere Beziehung zu unseren verstorbenen Angehörigen mit Weihwasser.

Es ist ein Zeichen der Begrüßung und des Abschiednehmens am Grab, wenn wir es mit Weihwasser besprengen. Es soll nicht vertrocknen, was uns mit unseren Verstorbenen innerlich verbindet.

Aber die Wasser dieser Welt bergen auch die Ahnung um die Abgründe des Lebens in dieser Welt, dass jeder Mensch auf der Insel seines persönlichen Bewusstseins lebt. Ja, jeder Mensch ist seelisch ein Inselbewohner und lernt nur mühsam, übers Wasser zu gehen,

Vertrauen zu riskieren, dem Leben mit seinen Abgründen zu trauen, wissend um Abstürze und Schiffbrüche der Seele.

Der Glaube sagt uns: Auch die tiefsten und dunkelsten Wasser sind von Gottes Geist erfüllt und tragen uns, auch wenn wir meinen, in ihnen zu versinken. Auch wenn uns das körperliche Leben eines Tages wie Wasser zwischen den Fingern zerrinnt, bleiben wir dazugehörig zum Meer der Ewigkeit Gottes.

Wir betrachten das Grablicht:
Eine flackernde kleine Flamme, unruhig, lebendig, sich verzehrend und Licht spendend.

Wie geheimnisvoll leuchten diese Kerzen auf dem Friedhof, wenn die Sonne untergegangen ist und Nacht sich über die Gräber legt. Die Kerzen künden von dem, was in unseren Herzen vom Verstorbenen weiterleuchtet, und davon, dass das Licht, das ein Mensch einst in diese Welt gebracht hat, nie ganz verlöschen wird, dass es sich verbindet mit den Lichtern am Himmel und weiterleuchtet in der Ewigkeit Gottes.

Wir betrachten die eingravierten Namen auf dem Stein:
So spricht der Herr: „Ich habe dich bei deinem Namen gerufen, du gehörst zu mir."

Der Name spricht das Ich des Menschen, sein Bewusstsein, an. In seinem Namen weiß der Mensch um die Einzigartigkeit seines Wesens, um die Einmaligkeit seines Daseins. Die Namen unserer Verstorbenen am Grabstein vergegenwärtigen sie in unserem Bewusstsein. Wir können sie auch jetzt noch ansprechen, und vielleicht spüren wir, dass sie uns hören, auch wenn die Sprache ihres äußeren Schweigens nicht immer die Ohren unserer Seelen erreicht.

VOLKSTRAUERTAG

Gedanken zum Volkstrauertag

Die vergangenen hundert Jahre sind für unser Volk und für viele Völker Europas wesentlich geprägt durch die beiden Weltkriege. Diese hundert Jahre sind aber auch geprägt von einem gesellschaftlichen und politischen Umbruch ohnegleichen. Während in vielen anderen Lebensbereichen über einen negativen Wertewandel geklagt wird, ist in den Fragen von Krieg und Frieden ein bewundernswerter positiver Wertewandel zu beobachten.

So wurde vor hundert Jahren Kameradschaftlichkeit auch als Stärkung gemeinsamer Gegnerschaft gegenüber manchen europäischen Nachbarn gepflegt, doch diese Völker wie z. B. Frankreich sind heute unsere wichtigsten Freunde und Verbündeten. Auch im Sprachgebrauch ist dieser Wertewandel zu beobachten. Während man früher vom „Heldengedenktag" sprach, reden wir heute vom „Volkstrauertag", denn nicht mehr vom „Feld der Ehre" ist die Rede, wenn von den Schlachtfeldern der Kriegsschauplätze gesprochen wird, sondern von der „Katastrophe kriegerischer Auseinandersetzung"; nicht gefallene „Helden" werden verehrt, sondern es wird der „Opfer der Kriege" gedacht.

Die Sprecher der Kriegervereine appellieren am Volkstrauertag nicht an die Einsatzbereitschaft für den Krieg, sondern an die Bereitschaft aller, die Wege des Friedens und der Völkerverständigung zu suchen. Nicht Zusammenhalt im Kampf gegen andere Völker wird mobilisiert, sondern die Bereitschaft, für den Schutz und die Durchsetzung der Menschenwürde und der Menschenrechte für alle auf dieser Erde Opfer zu bringen. Die Kriegerdenkmäler werden nicht gepflegt, um alte Rechnungen wachzuhalten, sondern um die gemeinsame Betroffenheit und Verantwortung für das zerbrechliche Gut des Friedens zu wecken.

Das ehrende Andenken in diesem Sinne an die Opfer der Kriege zeigt, wie sehr Menschen und Völker bereit sind, aus dem Schicksal Europas in den letzten hundert Jahren zu lernen.

Besinnung

Das Volk trauert um die Opfer der letzten Kriege, um die gefallenen und vermissten Frontsoldaten des eigenen Volkes und um die Opfer in der Zivilbevölkerung.

- Wir trauern mit den Familienangehörigen, die Väter und Söhne und Brüder im Krieg verloren haben.
- Wir trauern um die Opfer der anderen Nationen, die von Deutschland aus mit dem Schrecken des Krieges überzogen wurden.
- Wir trauern um die umgekommenen Russen und Franzosen, Engländer und Amerikaner und die Gefallenen all der anderen Völker, die gegen Deutschland oder mit Deutschland im Krieg kämpften.
- Wir trauern um die mangelnde Bereitschaft mancher Bevölkerungsgruppen und mancher Politiker in den verschiedenen Ländern, gegen unschuldige Menschen begangenes Unrecht zu erkennen und einzugestehen.
- Wir trauern über die Gewalttätigkeit in uns Menschen, über unsere Unfähigkeit oder mangelnde Bereitschaft zum verstehenden und versöhnenden Gespräch, über unsere Unfähigkeit, Konflikte ohne Diffamierung des Gegners und ohne Gewalt zu lösen.
- Wir trauern über unsere steigenden Waffenexporte, die den vorhandenen Aggressionen anderer Völker ein grausames Gemetzel ermöglichen – und uns finanziellen Profit.
- Wir trauern über die Tendenzen in manchen Kreisen unseres Volkes, andere Völker und ihre Kulturen abzuwerten und zu verachten.
- Wir trauern über die Gleichgültigkeit in den Herzen so vieler gegenüber dem schreienden Unrecht, das den armen Völkern der Welt von den reichen Nationen zugefügt wird. Wir wissen: Gerechtigkeit schafft Frieden – Unrecht provoziert Gewalt.
- Wir trauern über die Zustimmung der Kirche in unserem Land gegenüber einer aggressiven Politik des Staates vor und während des Ersten Weltkrieges.

Gebet Gott, du Ursprung und Schöpfer der Menschen aller Völker. In dir sind wir miteinander verbunden, unabhängig von Religion und Rasse, von Kultur und Sprache. Dir ist jeder Mensch ein Anliegen, du liebst jeden so, wie gute Eltern ihre Kinder lieben. Dein Geist weckt in uns das Bewusstsein, dass wir alle Schwestern und Brüder sind.

Lehre uns, die Güter dieser Erde gerecht zu verteilen, die Würde eines jeden Menschen zu achten, unsere Konflikte ohne Gewaltanwendung zu lösen und miteinander in Frieden zu leben. Amen.

oder *Das Gesicht der Erde*

O Gott, du liebst die Gerechtigkeit und schenkst uns Gedanken des Friedens.
Wir bringen die Zwietracht unserer Welt vor dich:
sinnlose Gewalt und Kriege, die das Leben der Welt bedrohen;
Unterdrückung und Vertreibung, die die Zuversicht der Menschen zerstören;
menschliche Gier und Ungerechtigkeit, die Hass und Konflikte mit sich bringen.
Sende deinen Geist und erneuere das Gesicht der Erde: Lehre uns, Mitleid mit dem Leid der Menschen zu haben;
stärke den Willen derer, die sich für Frieden und Gerechtigkeit einsetzen;
führe die Völker auf den Weg des Friedens und gib du uns den inneren Frieden, den die Welt nicht geben kann.

oder *Erlösung*

Lasst uns beten für diese Welt,
die seufzt und stöhnt nach Erlösung,
für die ganze leidende Menschheit unserer Zeit,
für die blutigen Opfer der Kriege und Gewalttaten,
für die Opfer von Vertreibung und Unterdrückung.
Gott, du willst das Wohl und nicht das Elend der Menschen.
Nimm weg aus unserer Mitte alle Gewalt,
lösch aus den Hass in den Herzen der Menschen.
Lass Frieden werden auf Erden für alle Völker.
Darum bitten wir in Jesus Christus.

oder *Versöhnungsgebet der Kathedrale von Coventry*

Den Hass, der Rasse von Rasse trennt, Volk von Volk, Klasse von Klasse:
Vater, vergib!
Das habsüchtige Streben der Menschen und Völker nach dem, was nicht ihr Eigen ist:
Vater, vergib!

Die Besitzgier, die die Arbeit der Menschen ausnutzt und die Erde verwüstet:
Vater, vergib!
Unseren Neid auf das Wohlergehen und Glück der anderen:
Vater, vergib!
Unsere mangelnde Anteilnahme an der Not der Heimatlosen und Flüchtlinge:
Vater, vergib!
Den Hochmut, der uns verleitet, auf andere Menschen herabzusehen:
Vater, vergib![1]

Evangelium Mt 5,43–48 (Von der Liebe zu den Feinden)
Ihr habt gehört, dass gesagt worden ist: Du sollst deinen Nächsten lieben und deinen Feind hassen. Ich aber sage euch: Liebt eure Feinde und betet für die, die euch verfolgen, damit ihr Söhne eures Vaters im Himmel werdet; denn er lässt seine Sonne aufgehen über Bösen und Guten, und er lässt regnen über Gerechte und Ungerechte. Wenn ihr nämlich nur die liebt, die euch lieben, welchen Lohn könnt ihr dafür erwarten? Tun das nicht auch die Sünder? Und wenn ihr nur eure Brüder grüßt, was tut ihr damit Besonderes? Tun das nicht auch die Ungläubigen? Ihr sollt also vollkommen sein, wie es auch euer himmlischer Vater ist.

Predigtmeditation

Feindesliebe bedeutet, den Fremden und Andersartigen nicht feindselig und ablehnend zu betrachten oder gar ihn zu verachten. – Aber:

- Feindesliebe heißt nicht, sich einem Gegner auszuliefern oder gar sich ihm zu unterwerfen.
- Feindesliebe heißt nicht, sich wehrlos zu machen und auf jeden Schutz zu verzichten.

1 Textgrundlage für die Gebete „Das Gesicht der Erde“ und „Erlösung“ sowie für das Versöhnungsgebet der Kathedrale von Coventry: Volkstrauertag 1999. Anregungen und Gedanken zur Gestaltung von Gedenkstunden und Gottesdiensten, hg. vom Volksbund Deutsche Kriegsgräberfürsorge, Kassel 1999.

- Feindesliebe heißt nicht, die Prinzipien von Recht und Gerechtigkeit aufzugeben.
- Feindesliebe heißt nicht, Gefühle der Zuneigung zu dem entwickeln zu müssen, vor dem man sich berechtigterweise fürchtet.

- Feindesliebe ist der Verzicht auf Verteufelung und Abwertung des Gegners.
- Feindesliebe ist der Verzicht auf eigene Privilegien und Herrschaftsansprüche.
- Feindesliebe ist das Bemühen, die Ursachen von Aggression und Gewalt tiefer zu verstehen und diese Ursachen zu beseitigen.
- Feindesliebe ist das Bemühen um ehrliche Auseinandersetzung und fairen Dialog, ist die Bereitschaft, auf den anderen zuzugehen.
- Feindesliebe ist die Fähigkeit zuzuhören, manchmal lange und geduldig, um die Erfahrungen, die Ängste und Sichtweisen des anderen zu verstehen.

- Feindesliebe erfordert, unsere Kommunikationsfähigkeit weiterzuentwickeln.
- Feindesliebe erfordert mehr Toleranz gegenüber Andersdenkenden.
- Feindesliebe erfordert die Bereitschaft, mit Menschen verschiedener Kulturen, Sprachen und Weltanschauungen zusammenzuarbeiten.
- Feindesliebe braucht eine neue Sensibilität, um das Gemeinsame und Verbindende unter allen Menschen und Völkern zu entdecken.
- Feindesliebe erfordert die Bereitschaft, die Würde jedes Menschen zu achten.

Bitten

Wir beten zu Jesus Christus, der gekommen ist, unserer Welt Frieden zu bringen:

- Die Menschen aller Völker hoffen auf Anerkennung, auf soziale Gerechtigkeit und Frieden. Wir bitten dich um deinen Geist für die Verantwortlichen in Politik, Wirtschaft und Gesellschaft.
- Lehre uns, die Würde eines jeden Menschen zu achten und zu schützen und unsere Stimme zu erheben, wo die Menschenrechte gefährdet sind.

- Wo Gefühle des Hasses und der Feindschaft die Völker oder die gesellschaftlichen Gruppen voneinander trennen, schenke den Geist der Versöhnung und des Friedens.
- Wecke in allen Menschen das Gespür für den einzigartigen Wert des Lebens. Mache uns empfindsam für das Leid und die Wunden, die Krieg und Gewalttat verursachen.
- Bewahre uns davor, Menschen zu verachten, deren Kultur und Lebensweise uns fremd sind. Wecke in uns Interesse und Wertschätzung für die Unterschiedlichkeit und Vielfalt der Menschen und ihrer Gemeinschaften.
- Mache uns bereit, in unseren Konflikten die berechtigten Interessen der Gegenseite anzuerkennen, gerechte Kompromisse zu finden und um das wertvolle Gut des Friedens zu ringen.
- Hilf uns, Mitgefühl mit den Opfern von Krieg und Gewalt aufzubringen, ohne diese Menschen in Freunde und Feinde einzuteilen.

Denn Jesus Christus hat den Menschen unabhängig von Religion und Volk die Wertschätzung und die Liebe Gottes kundgetan. So vertrauen wir auf das Verbindende und Einheitsstiftende, das Gott in die Gemeinschaft der ganzen Menschheit hineingelegt hat.

Gebet Gott, du Vater aller Menschen. In Verbundenheit mit den Opfern der Kriege und mit dem Schmerz der Angehörigen bitten wir dich: Lehre uns, die dunklen Epochen der Geschichte unseres Volkes nicht zu vergessen. Hilf uns, die Ursachen der Aggressionen tiefer zu verstehen, aus unserer Vergangenheit zu lernen und in unserer heutigen Zeit in empfindsamer und mutiger Weise zu kämpfen mit der Macht des Wortes gegen Abwertung, gegen Ungerechtigkeit, gegen Ausgrenzung und Verachtung in unserer Mitte. Amen.

oder Hörst du mich, Gott?
Noch nie im Leben sprach ich mit dir … Doch heute will ich dich begrüßen.

Du weißt, von Kindertagen an sagte man mir, dich gebe es nicht.
Und ich, ich glaubte es, Narr, der ich war.
Die Schönheit deiner Schöpfung ging mir niemals auf.
Doch heute Nacht nahm ich ihn wahr, vom Grund des aufgerissenen Kraters, den Sternenhimmel über mir.
Und ich verstand staunend sein Gefunkel …
Ich weiß nicht, Herr, ob du mir die Hand reichst, doch ich will es dir sagen,
und du wirst mich verstehen: dies Wunder,
dass mitten in der schauerlichen Hölle das Herz mir leicht wurde und ich dich erkannte.
Sonst weiß ich dir nichts zu sagen, nur,
dass ich so froh wurde, als ich dich erkannte. Mir war so wohl bei dir.[2]

Dankgebet

Gott, wir danken dir für den Geist des Friedens und der Toleranz in so vielen Menschen unserer Zeit.
Wir danken dir, dass in unseren Tagen so viele sich in Menschenrechtsgruppen engagieren und ihr Glaube an eine menschenwürdige Welt in vielen Völkern der Erde das Bewusstsein von der Würde eines jeden Menschen geweckt hat.
Wir danken dir, dass sehr viele in unserem Volk durch großherzige Spenden ihre Hilfsbereitschaft für die ärmeren Völker der Erde zeigen.
Wir danken dir, dass eine große Zahl von Menschen in unserem Land in mutiger Weise auftritt gegen Fremdenfeindlichkeit und gegen Intoleranz gegenüber anderen Religionen und Kulturen.
Wir danken dir für das erfolgreiche Bemühen von Politikern und Volksgruppen für ein geeintes Europa in Frieden und Gerechtigkeit. Wir danken dir für die Soldaten, die ihren Dienst leisten für die Sicherung unserer freiheitlichen Rechtsordnung und für die Durchsetzung der Menschenrechte in Krisenregionen der Erde. Amen.

2 Gebet eines russischen Soldaten, das ein deutscher Sanitäter in der Tasche des Gefallenen fand; Quelle unbekannt.

Segen Gott, der Schöpfer allen Lebens, segne euch, er verbinde euch zu einer Gemeinschaft der gegenseitigen Wertschätzung und des Vertrauens.

A Amen.

In der Vielfalt der Menschen und Völker schenke er euch Achtung vor der Einzigartigkeit jeder Person und vor der Kultur eines jeden Volkes.

A Amen.

In den Gegensätzen und Konflikten des Lebens zeige er euch die Wege der Gerechtigkeit und des Friedens.

A Amen.

Dazu segne euch der Leben spendende Gott, der Vater und der Sohn und der Heilige Geist.

A Amen.

Gebet am Kriegerdenkmal

Wenn wir die Namen dieser Soldaten am Kriegerdenkmal hören, denken wir an ihr persönliches Schicksal, dass sie so früh ihr Leben lassen mussten. Wir denken an ihre Verbundenheit mit ihren Angehörigen und Freunden. Wir denken aber auch an die Menschen, die im Krieg Opfer durch sie geworden sind; sie sind in der Ewigkeit auch mit diesen Menschen in besonderer Weise verbunden. Und sie sind verbunden mit den Menschen, durch die sie ihr Leben verloren haben. Mögen sie in der Ewigkeit miteinander Versöhnung und Frieden finden.

A Amen.

ANHANG

RELIGIÖSER RITUS FÜR EINE TIERBESTATTUNG

EINE „THEOLOGIE DER TIERE" – DIE NEUE SICHT DER KIRCHE

In Deutschland haben die katholische und die evangelische Kirche bereits vor Jahrzehnten in lehramtlichen Verlautbarungen eine „Theologie der Tiere" entwickelt.[3] In diesen Texten finden sich vier Aussagen, die die Neubewertung der Tiere aus christlicher Sicht verdeutlichen:

- Das Tier ist ein beseeltes Lebewesen.
- Das Tier besitzt einen Eigenwert vor Gott; der Sinn seines Lebens liegt vorrangig in ihm selbst.
- Auch für die Tiere gibt es die Hoffnung der Auferstehung.
- Die Erlösung durch Jesus Christus gilt ebenso für die Tiere.

Auch Papst Franziskus ruft in seiner Enzyklika *Laudato si'*[4] aus dem Jahr 2015 die Christen auf, „zu erkennen, dass die anderen Lebewesen vor Gott einen Eigenwert besitzen" (Nr. 69). Die Geschöpfe „gehen mit uns und durch uns voran auf das gemeinsame Ziel zu, das Gott ist, in einer transzendenten Fülle, wo der auferstandene Christus alles umgreift und erleuchtet. Denn der Mensch, der mit Intelligenz und Liebe begabt ist und durch die Fülle Christi angezogen wird, ist berufen, alle Geschöpfe zu ihrem Schöpfer zurückzuführen" (Nr. 83).

In ähnlicher Weise wie in den Dokumenten der beiden großen christlichen Kirchen in Deutschland klingt auch im päpstlichen Schreiben eine Auferstehungshoffnung für Tiere an: „Das ewige Le-

3 Zukunft der Schöpfung – Zukunft der Menschheit, hg. von der Deutschen Bischofskonferenz (Die deutschen Bischöfe 28), Bonn 1980 (auch unter www.dbk.de); Verantwortung wahrnehmen für die Schöpfung. Gemeinsame Erklärung des Rates der Evangelischen Kirche in Deutschland und der Deutschen Bischofskonferenz, hg. vom Kirchenamt der Evangelischen Kirche in Deutschland und dem Sekretariat der Deutschen Bischofskonferenz, Gütersloh [2]1985 (auch unter www.ekd.de).

4 Enzyklika *Laudato si'* von Papst Franziskus über die Sorge für das gemeinsame Haus, 24. Mai 2015 (Verlautbarungen des Apostolischen Stuhls 202), Bonn 2015.

ben wird ein miteinander erlebtes Staunen sein, wo jedes Geschöpf in leuchtender Verklärung seinen Platz einnehmen […] wird“ (Nr. 243).[5]

GESTALTUNGSELEMENTE UND TRAUERGEBETE

Psalmgebet

Kehrvers Herr, du bist nahe allen deinen Geschöpfen –
im Leben und im Sterben.

oder Sei hier zugegen, Licht unsres Lebens.

Aus der Tiefe meiner Seele rufe ich zu dir.
Du hörst meine Stimme, du Gott des Lebens.
Du wendest dein Ohr mir zu,
du hörst mein verzweifeltes Rufen.
Du vernimmst mein Weinen und Klagen,
bist nahe dem Schmerz meines Herzens.
Du lässt uns nicht allein auf unserem Weg,
du begleitest uns durch alle Höhen und Tiefen.
Durch dich fühlen wir Menschen uns mit allen Geschöpfen verbunden.
Du lehrst uns, unser gemeinsames Schicksal zu erkennen; an deiner Hand wächst unser Vertrauen.
Du siehst uns an mit gütigen Augen
und löst die Verhärtungen unserer Herzen.
In deinen Armen können wir aufatmen,
finden Trost für die Wunden der Seele.
Du zeigst uns aufs Neue die Wege zum Leben,
führst uns heraus aus Nacht und Verzweiflung.
Auf dich hoffe ich, du Gott meines Lebens,
auf dich vertraue ich und wage meine Schritte.
Ich spüre meine Angst und Not,
doch du weckst in mir neue Kraft und Hoffnung.
Denn du bist der lebendige Gott,
du liebst deine Geschöpfe und bleibst ihnen nahe.

---

5 Weitere Gedanken, die die Würde der Geschöpfe betonen, finden sich in Nr. 82, 89, 92, 96, 221, 244 und 246. Zitate aus kirchlichen Dokumenten zur „Theologie der Tiere“ sind auf der Homepage des Autors (www.hanglberger-manfred.de/tiere.htm) zusammengestellt.

Ehre sei dem Vater und dem Sohn
und dem Heiligen Geist,
wie im Anfang, so auch jetzt und allezeit
und in Ewigkeit. Amen.

Gebet

Gott, du Schöpfer aller Wesen, das körperliche Leben des (der) N. N. ist zu Ende gegangen. Wir vertrauen darauf, dass auch die Tiere in die Hoffnung der Auferstehung mit einbezogen sind und dass die Erlösungstat Jesu Christi sich nicht nur auf den Menschen, sondern auf alle Kreatur erstreckt.
Gott, du hast auch den Tieren eine Seele gegeben. Sie sind fühlende Wesen wie wir Menschen. Auch sie erleben Freude und Schmerz, Angst und Trauer, Freundschaft und Zorn, Liebe und Eigenwilligkeit. Auch sie erfahren sich innerlich verbunden mit anderen Tieren und mit uns Menschen. Auch sie wollen wahrgenommen, angesprochen und geliebt sein. Auch sie wollen angenommen sein und dazugehören dürfen.
Gott, wir glauben, dass du mit jedem deiner Geschöpfe innerlich verbunden bist und dass du mit ihnen verbunden bleibst über ihren Tod hinaus.
Deshalb beten wir zu dir in der Trauer um unsere(n) geliebte(n) N. N.: Gütiger Vater, in deine Hände empfehlen wir unsere(n) verstorbene(n) N. N.
Wir danken dir für alle Lebendigkeit, für alle Lebensfreude und Liebe, die er (sie) in unser Leben gebracht hat. Möge alle unsere Liebe, die wir ihm so gerne geschenkt haben, in seinem Herzen bewahrt bleiben – so wie er in unseren Herzen für immer einen liebevollen Platz behält. Bei dir, o Gott, finden alle Geschöpfe Vollendung und ewigen Frieden.
Uns aber, die zurückbleiben, gib die Kraft, einander zu trösten und unser Leben weiterhin in Dankbarkeit von dir anzunehmen und es in Verantwortung und Liebe zu gestalten.
So segne, o Gott, unsere(n) verstorbene(n) N. N. (diese Urne/dieses Grab mit den sterblichen Überresten von N. N.).

Lass uns erkennen, dass die seelische Verbundenheit zwischen Mensch und Tier in deiner Welt der Ewigkeit bewahrt bleibt und die seelische Bedeutung füreinander der Vergänglichkeit entrissen ist. So bitten wir im Geiste Jesu Christi, unseres Herrn und Bruders. Amen.

Mögliche rituelle Abschiedsgesten

Besprengung des Grabes/der Urne mit Weihwasser
Dieses Weihwasser bedeutet Leben und Segen. Es erinnert uns daran, dass das Leben der Seele, die innere Verbundenheit, stärker ist als Tod und Vergänglichkeit und dass wir alle, Mensch und Tier, von Gottes lebensbejahender Kraft umfangen bleiben – im Leben und im Sterben. Der Segen des ewigen Gottes sei mit dir!

Schale mit Kohle und Weihrauch bzw. Stövchen mit Teelicht, Metallschale und Weihrauch
Wie dieser Weihrauch aufsteigt zum sichtbaren Himmel, so steige deine Seele auf in die ewige Welt Gottes, durch den alle seine Geschöpfe innerlich miteinander verbunden sind – auch über den Tod hinaus. Deine Seele finde Geborgenheit im Tempel seiner Schöpfung.

Mit Schäufelchen Erdreich auf das Grab werfen
Menschen und Tiere sind aus dem Staub der Erde geworden. Die Erde gab dir Nahrung, Luft zum Atmen und Heimat für Körper und Seele. Heute wird sie zur Ruhestätte deinem Körper. Ruhe in Frieden!

Blumen ans Grab legen
Blumen sind Zeichen der Freundschaft und der Liebe. Ihre Farben und ihre Schönheit erinnern uns an die Lebendigkeit und Schönheit des liebevollen Zusammenseins. Sie sagen dir heute, dass du in den Herzen deiner Menschen immer lebendig bleibst.

Bittgebet Ewiger Gott, alles Leben kommt von dir. Du liebst alle deine Geschöpfe. Heute müssen wir Abschied nehmen von N. N., der (die) mit seinen (ihren) Menschen in liebevoller Gemeinschaft … Jahre gelebt hat. So höre unsere Bitten:

- Begleite und stärke die Menschen, die von ihrem kleinen Freund heute Abschied nehmen, in ihrem Trauerschmerz. (Begleite und stärke uns, die wir heute von unserem kleinen Freund Abschied nehmen, in unserem Trauerschmerz.)
- Erhalte in ihnen (uns) die dankbare Erinnerung an viele schöne Erlebnisse mit ihrem (unserem) tierischen Freund.
- Lass uns darauf vertrauen, dass Mensch und Tier im Tode hineingenommen werden in eine tiefere Gemeinschaft mit dir und mit deiner ganzen Schöpfung und dass wir alle berufen sind, ewige Freude in glücklicher Gemeinschaft zu finden.
- Lass uns in unserem Trauerschmerz nicht blind werden für die vielen Tiere, die durch das Verhalten von Menschen leiden müssen. Wecke in uns allen eine liebevolle Verantwortung gegenüber den Tieren.

Das Zusammenleben mit Tieren bringt uns oft zu herzlichem Lachen und bewegt uns oft zu tiefem Mitgefühl, wenn wir sehen, dass sie leiden. So bitten wir Gott, den Schöpfer aller Wesen: Du hast uns Menschen den Auftrag gegeben, für die große Gemeinschaft der Natur in achtsamer Weise zu sorgen. Mach uns dafür empfindsam, aufmerksam und engagiert, damit wir uns wahrhaft als deine Menschenkinder erweisen. Amen.

Vaterunser Gott ist der Vater aller Geschöpfe. So lasst uns gemeinsam beten, wie Jesus uns zu beten gelehrt hat: Vater unser im Himmel …

Segen	Es segne uns Gott, der Vater, der allem Leben Dasein und Entfaltung schenkt.
A	Amen.
	Es segne uns Gott, der Sohn, der uns das Bewusstsein unserer menschlichen Würde gibt und Liebe zu allen Geschöpfen.
A	Amen.
	Es segne uns Gott, der Heilige Geist, der uns tröstet in jeder Trübsal und unsere Gemeinschaft auch zwischen Mensch und Tier über den Tod hinaus bewahrt.
A	Amen.
	Das schenke uns der ewige Gott, der Vater, der Sohn und der Heilige Geist.
A	Amen.
V	Lasset uns gehen in Frieden.
A	Dank sei Gott, dem Herrn.

Zwischen den einzelnen Gebetsabschnitten sind musikalische Elemente möglich.

NOTIZEN FÜR EINE TRAUERANDACHT

Name des (der) Verstorbenen: ______________________________

Geburtsname: ______________ Geburtsort: ____________________

Geburtsdatum: _________ Sterbedatum: __________ Alter: _______

Namen und Vornamen der Eltern	
Namen der Geschwister ○ Wenn möglich korrekte Reihenfolge ○ Bei Verstorbenen das Sterbealter ○ Welchen Platz hatte der (die) Verstorbene in der Reihenfolge?	
Vorname und Geburtsname der Ehefrau bzw. des Ehemannes	
Falls verstorben: Datum und Alter	
Heiratsdatum	
Zahl und Namen der Kinder	
Zahl der Enkelkinder (evtl. Namen)	
Zahl der Urenkel	
Organist	
Mesner	
Kantor	
Lektor	
Opferlichte	
Lichterträger?	
Foto, Ständer	